Schirner Verlag

Susanne Weikl

Von der Seele geküsst ...

Die **EIGENE SEELE**
als **INSPIRATIONS-**
und **KRAFTQUELLE**
im Alltag nutzen

Schirner Verlag

ISBN 978-3-8434-1271-1

Susanne Weikl:
Von der Seele geküsst
Die eigene Seele als Inspirations- und Kraftquelle im Alltag nutzen

Umschlag: Simone Fleck, Schirner, unter Verwendung von # 389172478 (©Wealthylady), #243670381 (©Elovich), www.shutterstock.com
Layout: Katja Hiller, Schirner
Lektorat: Kerstin Noack, Schirner
Printed by: Ren Medien GmbH, Germany

www.schirner.com

1. Auflage November 2016

Inhalt

Einstimmung

Maui fängt den **Riesenfisch**

Ich bin eine große Bewunderin von Maui, dem Meisterschamanen. Er ist ein schlauer Kopf und kluger Stratege und versteht es meisterlich, sich das Leben zu erleichtern, damit mehr Zeit zum Genießen und Fröhlichsein bleibt.

Maui, ein mythischer Halbgott in der Gestalt eines Herkules, war mit magischen Kräften ausgestattet. Er träumte davon, eines Tages mit seinen Brüdern fischen zu gehen, weil er an seine Fähigkeit glaubte, ein großer Fischer zu sein. Seine Brüder waren seinen Kräften gegenüber misstrauisch und weigerten sich, ihn mitzunehmen. Heimlich brütete er einen Plan aus, um zu beweisen, was für ein großartiger Fischer er war. Eines Tages versteckte sich Maui mit einem verzauberten Angelhaken im Gepäck im Boden des Kanus. Seine Brüder entdeckten ihn erst, als sie bereits die Fischgründe erreicht hatten. Sofort warf Maui seinen magischen Angelhaken aus, der Grund des Meeres begann zu zittern, die Angelschnur spannte sich bis zum Zerreißen, und das Kanu raste mit großer Geschwindigkeit über das Meer. Maui war die Ruhe selbst, hielt die Angelleine fest in beiden Händen und hielt so lange durch, bis er einen riesigen Fisch an die Oberfläche gezogen hatte. Seine Brüder bewunderten ihn dafür. Der Legende nach hat Maui die Insel Hawaii aus dem Meer gehoben.

Sind Sie bereit, so kraftvoll wie Maui zu werden? Wollen Sie das große Los ziehen, Ihren Angelhaken auswerfen und die besonderen Kräfte Ihrer Seele wirksam in Ihr Leben holen? Ich zeige Ihnen, wie es geht!

Ich will **mehr!**

Diese Geschichte von Maui zeigt uns, welche Geschenke das Leben für uns bereithalten kann, wenn wir uns darauf ausrichten, dass wir über besondere Kräfte verfügen. Maui war ein Meister darin, diese Kräfte für sich nutzbar zu machen. Er hatte Freude daran, sie einzusetzen, stets mit dem Ziel, sich das Leben zu erleichtern und kraftvoller zu werden. Genau das wollte ich auch. Ich wollte mir diese besonderen Kräfte zugänglich machen. Mich begeisterte die Idee, dass es auf einfache Art möglich sein musste, kraftvoller, wirksamer und entspannter zu leben. Ich wollte mehr Zeit haben, mein Leben zu genießen, Probleme schneller und harmonischer lösen und lohnende Entwicklungsschritte gehen.

Als Erstes kam mir dabei meine Seele in den Sinn. Die Seele, so wie ich sie sehe, besitzt enorme Energie, Weisheit, Weitblick und hat die besten Verbindungen ins Universum. Ich erkannte, dass ich das Potenzial meiner Seelenkräfte bei Weitem nicht ausschöpfte. Ich begann, mir auszumalen, wie es wäre, wenn ich mir diese Kraftquelle vollständig erschließen könnte. Dann hätte ich die perfekte Unterstützerin an meiner Seite, die beste, die ich mir vorstellen kann. Eine Unterstützerin, der ich uneingeschränkt vertraue, die mich liebt, an mich glaubt und mir all ihre Kräfte zur Verfügung stellt. Eine Beraterin, die sich in allem auskennt, die mich kennt, meinen Lebensplan und die viel mehr Lösungsideen aus dem Ärmel zaubern kann, als mir bewusst sind.

Alles nur Fantasie und Träumerei? Nein, das ist wirklich möglich! Ich spürte ein tiefes und starkes Ja in mir, ich wollte diese Kraft in mein Leben ziehen und sie so selbstverständlich nutzen, wie es Maui tat.

Ich probierte vieles aus, sammelte Erfahrungen, verfeinerte und vereinfachte und erlaubte mir, zu experimentieren. Meine Ansprüche waren hoch, und mein Ziel war es, mich erst dann zufriedenzugeben, wenn ich eine Methode gefunden hatte, die all meinen Anforderungen gerecht wurde.

Das waren meine Anforderungen:

- wenig Zeit- und Arbeitsaufwand
- gleichzeitig kraftvoll, sehr wirksam und individuell
- einfach in der Handhabung
- flexibel und leicht in den Tagesablauf zu integrieren
- für jeden alleine durchführbar
- keine besonderen Abläufe oder Rahmenbedingungen notwendig
- für jedes Anliegen geeignet
- mit viel Wohlgefühl verbunden

Ich habe mir diesen Traum erfüllt und damit lebensverändernde, wundervolle Erfahrungen gemacht.

Heute steht mir meine Seele als individuelle Unterstützerin zur Seite. Ich habe eine Methode gefunden, die all meine Ansprüche erfüllt und ein starkes Energiefeld schafft, in dem Anliegen Wandlung erfahren können. Ich fühle mich für alle Eventualitäten des Lebens gerüstet, greife auf meine Seele zurück, wenn ich Inspiration brauche, nach Lösungen suche oder mich weiterentwickeln will. Ihre Botschaften sind für mich verständlich, und die Beratung ist einfach und wirkungsvoll. Mein Leben ist dadurch definitiv leichter und spannender geworden, ich bin leistungsfähiger und unbeschwerter und erreiche meine Ziele müheloser.

Ich wollte der Methode einen Namen geben: Seeleninspiration war mir zu lang, und so folgte ich meinem ersten Impuls und nannte sie »Ulu« – Seeleninspiration. Ein kurzer, fröhlicher hawaiianischer Name, der ausdrückt, dass Seeleninspiration einfach und beschwingt sein kann. Auch dieses Buch ist durch Seeleninspiration entstanden. Es basiert wie alle meine Bücher auf Huna. Huna ist eine einfache und sehr wirkungsvolle Lebensphilosophie aus Hawaii. Ein System, das Körper, Geist und Seele als funktionierende Einheit sieht.

Wollen Sie auch das Potenzial Ihrer Seelenkräfte nutzen und den großen Fisch an Land ziehen? Dann wird Ihnen dieses Buch eine wunderbare Hilfe sein. Sie lernen, Ihre Seele ganz bewusst in Ihr Leben zu integrieren, eine lebendige Beziehung mit ihr einzugehen und Ihre Seelenkräfte aktiv zu nutzen. Eine enge und dauerhafte Freundschaft mit Ihrer Seele ist bereichernd, voller Wunder und im wahrsten Sinne des Wortes lebenserleichternd.

»Das Einmalige an einer Freundschaft ist weder die Hand, die sich einem entgegenstreckt, noch das freundliche Lächeln oder die angenehme Gesellschaft. Das Einmalige an ihr ist die geistige Inspiration, die man erhält, wenn man merkt, dass jemand an einen glaubt.«

(Ralph Waldo Emerson)

Mit Ihrer Seele, die an Sie glaubt, im Rücken ist alles möglich! Lassen Sie uns die Schatzkiste der Seeleninspiration öffnen und den Riesenfisch Ihrer Seelenkräfte an Land ziehen. Damit Sie unbeschwerter und energiegeladener sind und im weiten Meer Ihrer Seelenkräfte nach Herzenslust schwimmen können.

Herzlichst
Susanne Weikl

Was ist die Seele eigentlich?

Zuerst möchte ich Ihnen einige Informationen zu Huna geben, jener Lebensphilosophie aus Hawaii, die die Basis meiner Arbeit darstellt. Huna zeigt uns, wie wir unsere Kraft, das Leben zu gestalten, auf die bestmögliche Weise einsetzen können. Dabei lernen wir, wie das Leben funktioniert. Huna ist sehr praktisch, einfach und klar und offen für jedes andere System. Was wirklich zählt, sind die Ergebnisse in Form von Zuwachs an Lebensfreude, Harmonie und Gesundheit. Es geht ums Anwenden, Erfahren und um die erzielte Wirkung. Diese Ausrichtung macht Huna zu einem sehr effektiven System.

Huna betrachtet Körper, Geist und Seele als funktionierende Einheit. Als Geist oder freier Wille sind wir eingeladen, unsere Bewusstseinskräfte zu nutzen, neue Erfahrungen zu machen, um glücklicher zu sein und die Harmonie in uns zu vergrößern. Dazu gehört auch, dass wir eine Vorstellung davon haben, was Seele ist, uns ihrer Weisheit öffnen und Sensoren für intuitive Wahrnehmung ausbilden.

Definition der Seele im **Huna**

Das Wort »Seele« kann je nach Sichtweise und Philosophie unterschiedliche Bedeutungen haben, und das kann für Verwirrung sorgen. Wir sprechen von unserem Seelenleben, unserem seelischen Befinden, unserer Psyche, gehen zum Psychotherapeuten und lassen unsere Seele baumeln. In diesem Kontext meinen wir mit Seele unser emotionales Befinden und unseren Gefühlshaushalt.

Seele oder Höheres Selbst werden im Huna mit den hawaiianischen Worten »Kane« oder »Aumakua« bezeichnet. Im

Sinne von Huna ist die Seele unsere Weisheitsinstanz, der Ursprung all unserer Lebenskraft und unsere Verbindung zu unserer spirituellen Quelle. Verwenden Sie den Begriff, der für Sie am stimmigsten ist. Egal, ob Seele, Höheres Selbst oder die hawaiianischen Begriffe, wichtig ist, dass wir von der gleichen Definition ausgehen. Ich habe mich schon seit Jahren mit dem Wort »Seele« angefreundet und verwende es in diesem Buch im Sinne von Huna.

Die Seele ist Ihre unerschöpfliche Lebenskraft und Kraftquelle. Sie ist pure Energie, Kreativität, Weisheit und Weitsicht. Bildlich gesprochen ist sie Ihr hochentwickelter und unterstützender Geist, die vertrauenswürdigste Instanz in Ihrem Leben. Ihre Seele ist Ihnen ganz nah, Teil von Ihnen und immer für Sie zugänglich. Sie sind immer mit Ihrer Seele verbunden, und sie ist immer motiviert, mehr Harmonie in Ihr Leben zu bringen. Ist Ihnen das überhaupt bewusst?

Intensiver Kontakt mit Ihrer Seele ist eine Selbstverständlichkeit, so selbstverständlich wie die morgendliche Tasse Kaffee. Es ist nichts Besonderes, Geheimnisvolles oder Abgehobenes daran. Ich glaube, große Wissenschaftler, Künstler oder Erfinder hatten oftmals einen guten Kontakt zu Ihrer Seele.

Aufgaben der **Seele**

Existenz und Erfahrungen fördern unser spirituelles Wachstum. Die Seele hat immer unseren Lebensplan und das, was wir lernen wollen, im Blick. Ihr Job ist es, uns zu inspirieren, mit kreativen Ideen zu versorgen und Erfahrungen zu ermöglichen. Dazu gestaltet sie unsere Lebenserfahrungen aufgrund unserer Denk-, Verhaltens- und Gefühlsmuster. Sie erfüllt alles, was wir tun, denken, fühlen und worauf wir uns konzentrieren, mit Energie. Sie unterstützt den Weg, den wir wählen, spricht Einladungen aus, greift nicht ein, sondern respektiert unseren freien Willen.

Qualitäten der Seele auf einen Blick:

- verfügt über enorme Weisheit und kreative Ideen
- ist uneingeschränkt vertrauenswürdig
- ist ein selbstverständlicher Teil von uns
- verfügt über unerschöpfliche Energie
- hat einen umfassenden Blickwinkel
- kennt uns am besten
- handelt aufgrund unserer Aufträge
- ist für alles offen und immer sofort bereit

Fehlt etwas auf dieser Liste, dann fügen Sie es hinzu!
Unsere Seele ist multifunktional. Sie hat alles im Angebot, was wir brauchen, und es ist klug und weitsichtig, ihre Qualitäten zu nutzen. Viele Menschen suchen den Seelenpartner in Beziehungen, doch wenn Sie mit Ihrer Seele und ihren Seelenkräften eine starke Beziehung eingehen, finden Sie viel mehr!

Lassen Sie dieses Potenzial nicht mehr ungenutzt in der Schublade liegen!

Übung

»I had a dream« – Seelenpartner gesucht!

Diese Übung lädt Sie ein zu träumen. Träumen Sie sich die perfekte Unterstützung an Ihre Seite!

* Wie sollte so ein Lebenscoach aussehen, welche Eigenschaften und Talente sollte er haben?
* Welche Kräfte und Qualitäten wären nützlich?
* Welche Kenntnisse wären wünschenswert?
* Wie sollten der Umgang und die Zusammenarbeit miteinander sein?
* Mit welcher Haltung und Einstellung sollte dieser Seelenpartner Ihnen begegnen?
* Wie sollte die Kommunikation sein?

Erlauben Sie sich, mutig, fordernd und anspruchsvoll zu träumen, und entwickeln Sie die Idealversion Ihres Lebenscoachs. Dieser Idealversion entspricht Ihre Seele, und vermutlich werden Sie im Laufe Ihrer bewussten Beziehung noch viel mehr Aspekte entdecken. Gönnen Sie sich diese Seelenpartnerschaft!

Kontaktaufnahme mit der **Seele**

Die Seele wartet darauf, dass Sie mit ihr sprechen. Dazu sind keine besonderen Vorbereitungen, Rituale oder Reinigungszeremonien notwenig. Wenn Sie mit Ihrer Seele in Kontakt sind, ist es, wie wenn Sie eine vertraute Freundin besuchen. Sie müssen sich nicht wie für den Besuch einer Königin vorbereiten oder sich den Kontakt erst verdienen.

Dennoch mag es für manche noch komisch klingen, mit der Seele Kontakt aufzunehmen und Botschaften zu empfangen. Viele glauben, wir müssten warten, bis die Seele den Kontakt zu uns sucht. Das Gegenteil ist der Fall. Es braucht unsere Aktivität. Lassen Sie sich nicht davon abhalten, den Kontakt zu suchen, selbst wenn Sie denken, Sie könnten keine Verbindung zum Höheren Selbst herstellen, oder es schon einmal erfolglos probiert haben. Bleiben Sie dran!

Natürlich kann es dem einen oder anderen zu Anfang schwerfallen, sich vorzustellen, dass es möglich ist, aktiv Kontakt mit seiner Seele aufzunehmen. Doch das sind nur kleine Ängste, die Ihnen einen Streich spielen. Ängste, weil Sie es sich nicht zutrauen, Botschaften zu empfangen und diese zu verstehen, oder weil Sie glauben, dass es nicht funktioniert, weil Sie unbegabt sind. Werfen Sie diese kleinen Teufelchen über Bord, und erlauben Sie sich, dass Sie es können. Schon deshalb, weil es eine natürliche Fähigkeit ist, die in Ihnen schlummert und aktiv werden will, und weil Ihre Seele an Sie glaubt!

Kürzlich fragte mich Manuela am Ende ihrer Sitzung, ob ich ihr ein Buch über Seelengespräche empfehlen könnte. Spontan fiel mir keine Empfehlung ein. »Wieso willst du ein Buch darüber lesen?«, fragte ich sie. »Ich habe das Gefühl, meine Seele hat mir viel zu sagen, doch es kommt kaum etwas davon bei mir an. Immer wieder versucht sie, zu mir durchzudringen. Doch ich bin, bildlich gesprochen, in einem Haus mit dicken Steinmauern und Schallschutzfenstern eingeschlossen, habe Stöpsel in den Ohren und kann sie nicht hören. Wie soll da eine Kommunikation stattfinden? Das andere Dilemma, das ich habe, ist, dass ich sie gar nicht verstehen würde, selbst wenn sie zu mir durchdringen könnte.«

Geht es Ihnen so wie Manuela?
Manuela habe ich empfohlen, sich von diesem Bild zu verabschieden und sich stattdessen vorzustellen, dass es ganz einfach ist, mit der Seele in Kontakt zu kommen. Manuela ist lediglich gerade an die Grenze ihres Vorstellungsvermögens gekommen, und das kann sie ändern. Ihre Sehnsucht, mit ihrer Seele in Kontakt zu kommen, ist ihr Antriebsmotor dafür.

Ich habe Manuela angeleitet, in ihrer Vorstellung das Haus in ein modernes Kommunikationsbüro umzuwandeln, mit einer Online-Verbindung zu ihrer Seele. Das war der erste Schritt – die gedankliche Grenze war verändert. Jetzt war der Weg frei für Seeleninspiration.

Übungen – sich mit der **Seele** verbinden

Für alle Leser, die Neuland betreten, und für diejenigen, die Lust haben, sich schöne und entspannende Momente mit ihrer Seele zu schenken, habe ich hier ganz wunderbare Übungen aus meinem Schatzkästchen geholt. Schenken Sie sich die Erfahrung, wie selbstverständlich Sie mit Ihrem Höheren Selbst in Kontakt sein können. Probieren Sie es aus!

Das Wertvolle an diesen Übungen ist, dass Sie sich mit jeder bewussten Verbindung mit Ihrer Seele einen Zuwachs an Lebenskraft, Kreativität und Entspannung schenken. Diese Übungen können auch eine gute Vorbereitung für jegliche Form der Seeleninspiration sein. Gönnen Sie sich diese kostbaren Momente im Alltag, und werden Sie im positiven Sinne süchtig nach dem damit einhergehenden Wohlgefühl.

Wertschätzen der Gegenwart

Wertschätzen Sie das Schöne und Gute in Ihrer unmittelbaren Umgebung, schenken Sie ihm Aufmerksamkeit. Loben Sie alles und jeden, konzentrieren Sie sich dabei ganz auf die positiven Aspekte, und bleiben Sie möglichst ohne kritische Gedanken. Es wird sich schnell ein Wohlgefühl einstellen, und dieses Wohlgefühl zeigt Ihnen, dass Sie mit Ihrer Seele verbunden sind.

Kreativität und Schöpferkraft

Gehen Sie eine Verbindung mit der schöpferischen Kreativität Ihrer Seele ein, indem Sie alles loben, was Ihnen in den Sinn kommt, was Ihr Leben leichter, freudiger oder schöner macht. Egal, ob es Ihre Waschmaschine ist, die erste Tulpe im Garten oder Ihre warmen Handschuhe. Die Seele ist die Quelle für Erfindungen, Entdeckungen und Wunder. Wann immer wir etwas schön finden oder bewundern, sind wir automatisch und sofort in Verbindung mit unserer Seele.

Seele als pure Energie

Stellen Sie sich Ihre Seele als reine, bewusste Energie vor. Vielleicht gefällt Ihnen das Bild eines Lichtstroms, der durch Ihren Körper fließt, oder ein schöner Klang, der Sie umhüllt, oder ein aromatischer Wohlgeruch, der Sie durchdringt. Sie können sich auch in Licht einhüllen, sich damit umgeben, sich durchströmt von Licht sehen. Vielleicht spüren Sie mit der Zeit, wie das Licht und Ihr Körper sich verbinden. Das ist neben Wohlgefühl ein weiteres Zeichen für Ihre Verbindung zu Ihrer Seele.

Die Schönheit Ihrer Seele – das schönste Bild verschenken

Entwerfen Sie ein Bild von Ihrer Seele, so schön und strahlend, wie Sie es sich nur vorstellen können. Seien Sie verschwenderisch, und sparen Sie nicht an Üppigkeit, Farben und Leuchtkraft. Wenn Ihnen danach ist, können Sie auch gerne dieses Bild Ihrer Seele malen oder auf eine andere Weise sichtbar darstellen.

Lichtkanal

Stellen Sie sich einen Lichtkanal zwischen sich und Ihrer Seele vor. Diesen Lichtkanal öffnen Sie, Sie machen ihn weit und durchlässig, entfernen evtl. angesammelten Staub und gestalten ihn so schön und einladend, wie Sie es sich nur vorstellen können. Wenn Ihnen das Ergebnis gefällt, genießen Sie Ihr Werk und die schöne Verbindung, die Sie geschaffen haben.

Bewusste Seeleninspiration

Am Anfang dieses Buches habe ich darüber gesprochen, dass ich meine Methode der Seeleninspiration »Ulu« genannt habe. Wieso ein hawaiianischer Name? Ganz einfach, ich fühle mich diesem Fleckchen Erde, dessen Kultur und Huna sehr verbunden. Damit möchte ich auch die weisen Hawaiianer ehren, die mir diese Weisheitslehre zugänglich gemacht haben. Wörter erzeugen Klänge, sie klingen in uns, und mich hat vom ersten Moment an der Klang des Wortes »Ulu« berührt. Was uns berührt, hinterlässt Spuren, und so wünsche ich mir, dass allein schon, wenn Sie das Wort »Ulu« sprechen oder hören, eine positive, lebendige Resonanz und ein Wohlgefühl in Ihnen entstehen. Beim Aussprechen des Wortes »Ulu« empfinde ich ein Gefühl von Leichtigkeit und Unbeschwertheit. Leicht und unbeschwert soll Seeleninspiration sein.

Was bedeutet **Ulu?**

»Ulu« ist ein hawaiianisches Wort und bedeutet »von der Seele inspiriert werden« im Sinne von sich entwickeln, wachsen, sich ausbreiten und etwas vermehren. Damit beschreibt dieses einfache Wort aus drei Buchstaben genau das, was ich unter Seeleninspiration verstehe: eine Heilmethode, ein Ritual, das uns mit der Kraft unserer Seele in Verbindung bringt, damit wir Stück für Stück zu dem Menschen werden, der wir sein können. Mit dem Ulu legen Sie Ihren Fokus darauf, ein Anliegen oder einen Entwicklungsschritt auf die bestmögliche Weise zu gehen. Dadurch schaffen Sie bewusst ein Kraftfeld, in dem wundervolle Dinge passieren können.

Inspiration

Das Wort »Inspiration« leitet sich vom lateinischen »inspiratio« ab, das »Beseelung« oder »Einhauchen« bedeutet. Einen engen Bezug zu Inspiration hat auch das lateinische Wort »spiritus« (»Atem«, »Seele«, »Leben«). Sie sehen den engen Bezug zum Wort »Ulu«. Ohne Inspiration wäre unser Leben starr und leblos. Seit es Menschen gibt, lassen sie sich inspirieren, von ihrer Umgebung, der Natur, von anderen Menschen und ihrer Seele. Wir brauchen die Inspiration, um Lösungen zu finden, neue Ideen zu bekommen oder neue Wege zu gehen. Das war und ist die Basis für unsere Weiterentwicklung im Leben, für Erfindungen, für Gesetze und Umgangsregeln, genauso wie für Kunstwerke, Bücher und Legenden. Natürlich sind aus Inspirationen auch wissenschaftliche Erkenntnisse und die unterschiedlichsten Heilmethoden entstanden.

Sich inspirieren zu lassen ist eine ganz natürliche Fähigkeit jedes Menschen und muss nicht erlernt werden. Inspiration ist ein Impuls, eine Anregung, ein unerwarteter Einfall, die Muse, die uns plötzlich küsst, oder eine innere Gewissheit. Jede Inspiration kann ein Same sein für eine konkrete Idee, Handlung, einen Gedanken oder eine Erkenntnis.

Wenn Sie sich inspirieren lassen, dann laden Sie das Universum ein, mehr Farben, mehr Klänge, mehr Schwingungen, mehr Impulse in Ihr Leben zu bringen. Inspiration kann aktiv und passiv geschehen. In diesem Buch geht es um die aktive Inspiration, das bewusste Sich-Ausrichten und Öffnen für Impulse und Anregungen.

Um inspirierende Impulse zu bekommen, braucht es nicht viel. Wunderbar inspirierend kann es sein, nur dazusitzen, zu atmen, in die Landschaft zu schauen und eine Frage in sich zu bewegen. Inspiration passiert immer im Jetzt, im gegenwärtigen Moment. Das Jetzt steht für den Zeitraum Ihrer Fragestellung bis zur Antwort. So kann es eine Minute, ein Monat oder länger sein, je nach Projekt, an dem Sie arbeiten.

Übung

Überlegen Sie, was Sie besonders inspiriert. Welche Menschen, Bücher oder Orte sind eine Quelle der Inspiration für Sie? Für wen waren oder sind Sie eine Quelle der Inspiration? Was tun Sie, wenn Sie Inspiration suchen?

Empfehlungen der Seele entstehen durch bewusste Inspiration. Wir sind sehr vertraut damit, uns von anderen Menschen, der Natur oder dem Fernsehen inspirieren zu lassen. Sie wollen Ihre Frisur verändern, dann beginnen Sie, in Zeitschriften und auf der Straße die Frisuren der Menschen genauer unter die Lupe zu nehmen. Sie suchen ein Geburtstagsgeschenk, dann fragen Sie Freunde um Rat. Sie wollen den Frühling in Ihr Haus holen, dann gehen Sie in die Natur und schauen, welche Pflanzen zu Ihrer Dekorationsidee passen. Meistens klären wir solche Dinge, wenn wir unser Augenmerk darauf richten und uns auf die Suche begeben. Doch was ist, wenn Sie vor umfangreichen und hochemotionalen Themen stehen oder sich mit einem Anliegen alleingelassen fühlen? Ab jetzt begleitet Sie Ihre Seele durch diesen Prozess. Sofort verfügbar, stets bereit und nie zu beschäftigt, um Ihnen zuzuhören. Es braucht lediglich den Entschluss, den Weg der Seeleninspiration zu gehen, um sich den Dienst Ihrer Seele zu sichern.

Seeleninspiration

Ab jetzt gehört Ihre Seele zu Ihren Inspirationsquellen, womöglich wird sie einmal Ihre wichtigste Inspirationsquelle werden. Inspiration beginnt ab dem Moment, in dem Sie Ihre Seele zu einem Anliegen, das Sie gerade beschäftigt oder Ihnen Kummer macht, kontaktieren. Konzentrieren Sie sich darauf, durch eine Frage, den Wunsch nach einer Lösung oder die Bitte um Inspiration. Damit fordern Sie Ihre Seele auf, Ihnen Impulse zu geben, damit sich Wege öffnen, die Sie Ihren Zielen näherbringen und Ihre Entwicklung fördern.

Wenn Sie Seeleninspiration machen, dann bekommt so manches, was Sie tun, denken, fühlen, erfahren, wahrnehmen und erleben, eine neue Bedeutung. Sie erleben und betrachten Ihren Alltag mit anderen Augen. So kann der Rückenwind, der Laura beim Laufen vorantreibt, ein Zeichen ihrer Seele sein, dass sie Gas geben kann und über genügend Kraft verfügt, um sich für die Projektleitung zu bewerben.

Wenn Sie Ihre Freizeit sinnvoller gestalten wollen und Ihnen die unbekannte Sitznachbarin im Bus von ihrer Arbeit als Leih-Oma erzählt, dann ist das kein Zufall, sondern eine Begegnung, die geschickt von Ihrer Seele eingefädelt wurde. Ihre

Intuition lenkt Ihre Aufmerksamkeit, und so kommt es, dass Sie gerade neben dieser Frau Platz genommen haben.

Intuition

Seeleninspiration findet überwiegend auf der intuitiven Ebene statt. Der Verstand legt das Anliegen fest. Die Intuition spürt, nimmt wahr, übersetzt die Botschaften der Seele und macht sie dem Verstand zugänglich. Intuition ist gefühltes Wissen. Jeder Mensch handelt intuitiv und besitzt die intuitive Fähigkeit, Dinge gefühlsmäßig schnell zu erfassen. Wir sagen auch Spürsinn, Bauchgefühl oder Geistesblitz dazu. Intuition lässt sich nicht rational erklären. Sie findet über das pulsierende Energiefeld, von dem wir umgeben sind, statt. Sie können sich dieses Feld in Form eines vibrierenden Netzes oder in Form von Lichtfäden vorstellen. Hier ist Ihre Intuition zu Hause, und Sie sind über dieses Netz auch mit Ihrer Seele verbunden. Durch bewusste Konzentration aktivieren Sie die Verbindung zu Ihrer Seele. Sie nutzen die Tatsache, dass ein starker Fokus Dinge möglich macht und Energie bündelt. Allein schon Ihre Absicht, sich mit der Seele zu verbinden, ist pure Energie. Sie sind dann wie eine Antenne, die die Inspiration der Seele empfangen kann.

Übung

Intuition und Vorstellungskraft

Ein entscheidendes Instrument, um Ihre Intuition zum Blühen zu bringen, ist Ihre Vorstellungskraft. Stellen Sie sich vor, Sie sind umgeben von diesem Energiefeld aus Licht. Jeder Lichtimpuls, der durch dieses Energiefeld geht, enthält eine Botschaft. Malen Sie sich aus, wie Sie diese Lichtimpulse ganz einfach greifen und mühelos in der Lage sind, sie in Worte, Gedanken, Gefühle und Bilder zu wandeln. Probieren Sie das jetzt in Ihrer Fantasie aus. Nehmen Sie einen Lichtimpuls, und wandeln Sie ihn in eine Farbe, den nächsten Impuls wandeln Sie in ein Tier oder eine Pflanze oder ein Gefühl. Denken Sie nicht lange nach, wandeln Sie, solange Sie Freude daran haben. So entwickeln Sie spielerisch Ihre Intuition!

Übung

Intuition und Entspannung

Inspirierende Impulse erreichen uns leichter und schneller, wenn wir ein bestimmtes Maß an Entspannung an den Tag legen. Sie können das mit folgender Situation vergleichen. Sie warten ungeduldig auf einen Anruf oder eine Antwort. Meistens fällt es Ihnen dann schwer, sich auf andere Dinge zu konzentrieren, Ihre Gedanken schweifen ab. Sie sind ganz einfach angespannt. Meistens dauert es dann, bis der Anruf tatsächlich erfolgt. Genauso ist es mit intuitiven Botschaften. Je entspannter Sie sind, desto intuitiver können Sie sein, und desto schneller kann der »Anruf« erfolgen. Sie nehmen dann mehr wahr, und Ihre intuitiven Antennen sind ganz auf Empfang eingestellt.

Wie angespannt sind Sie gerade? Spüren Sie in Ihren Körper, und nehmen Sie solche angespannten Körperstellen wahr. Streichen Sie über diese Bereiche, und stellen Sie sich dabei vor, dass Sie damit Ihre intuitiven Antennen lebendiger und empfänglicher machen. Machen Sie diese Übung, solange Sie Freude daran haben.

Natürlich können Sie Ihre Intuition auch mit den 36 Heilübungen aus meinem Buch »Harmonie in 3 Minuten« trainieren und verbessern.

Sinn und Zweck der **Seeleninspiration**

Seeleninspiration beschenkt Sie mit Anregungen, Lösungen, Ideen, Ermunterungen, Vorschlägen, Stimulierung und Ansporn. Sie bringt auf den Punkt, um was es in Bezug auf unser Anliegen geht. Wir spüren wieder unsere Macht, Einfluss auf unser Leben und unsere Weiterentwicklung zu nehmen. Ein häufiger Kontakt mit Ihrer Seele hilft Ihnen, das Leben leichter zu meistern! Je enger und selbstverständlicher Sie mit Ihrer Seele verbunden sind, desto fruchtbarer ist die Zusammenarbeit. Was während des Ulu passiert, ist kein Zufall, sondern pure, lebendige Seeleninspiration!

Seeleninspiration ist ...

- ein Instrument, auf einfache, individuelle, kreative und kraftvolle Art, Einfluss auf Ihr Leben auszuüben.
- Ausdruck dafür, Ihren freien Willen mit der Weisheit Ihrer Seele zu verbinden.
- eine gelebte Verbindung mit der Seele im Alltag.
- eine leere Leinwand, die von Ihrer Seele mit Inspiration gefüllt werden kann.
- ein frischer Wind, der die dynamische Kraft der Seele ins Leben holt.
- ein Heilmittel und Lebenselixier.
- konzentrierte und geballte Kraft für ein Anliegen.
- individuell und unvoreingenommen.

Seeleninspiration praktisch

Mit dem Ulu haben Sie ein Instrument an der Hand, das Sie benutzen können, wenn Sie nicht weiterwissen, sich eine Angelegenheit verknotet hat, es Ihnen an neuen Träumen fehlt, Sie sich nicht entscheiden können, wenn Sie kreative Anregungen brauchen, den Wunsch nach Unterstützung haben, etwas verstärken möchten oder sich ein Wunsch erfüllen soll. Sie können damit Ihre Seele bei einem Anliegen, Problem, bei einer Erkrankung oder einem Ziel um Unterstützung und Anregungen bitten und Ihre Seelenkräfte nutzen. Seeleninspiration beginnt mit der Entscheidung, Sie zu nutzen, damit kann aus einem kleinen Traum oder einem Problem im Kraftfeld des Ulu etwas Wirkungsvolles und Wunderbares werden.

Das Ulu erfordert wenig Zeit, Sie benötigen dafür keine Urlaubstage oder neuen Anschaffungen, es erfordert keine Umstellung Ihrer Alltagsroutinen, und Sie können es wunderbar zu Hause machen. Sie haben alles, was Sie dafür brauchen. Sie müssen weder still sitzen noch fasten oder auf lieb gewonnene Gewohnheiten verzichten. Es verbindet Sie mit Ihren Seelenkräften und macht aus Ihrem Alltag eine neue Welt. Sie entdecken den Zauber darin. Das Ulu bringt das, um was es geht, auf den Punkt. Außerdem entwickeln Sie wieder eine ganz natürliche und selbstverständliche Beziehung zu Ihrer Seele und Ihren Seelenkräften.

Wie Sie mit der empfangenen Inspiration umgehen, entscheiden Sie selbst. Unsere Seele akzeptiert unseren freien Willen. Sie gibt Hilfestellung für Entwicklungsschritte, um uns zu einem noch besseren Menschen zu machen, ist aber niemals nachtragend, beleidigt oder macht uns Vorwürfe. Unsere Seele betrachtet uns mit einem liebevollen Blick und lässt die Verantwortung bei uns, auf welche Erfahrungen wir uns ausrichten wollen.

Übung

Sei du selbst!

Sei du selbst – das ist die Aufforderung, die uns unsere Seele täglich ins Ohr flüstert. Wir alle träumen davon, authentisch, selbstbewusst und vertrauensvoll zu sein. Seeleninspiration hilft uns dabei.

Sehen Sie sich stehend, liegend oder sitzend mit ganz vielen Schichten, die Sie bedecken und Ihr »Sei du selbst!« überdecken. Beginnen Sie, Stück für Stück diese Schichten wegzunehmen und sich buchstäblich freizumachen. Halten Sie in diesem Prozess immer wieder inne, und spüren Sie, wie Sie leichter und tiefer atmen, sich lebendiger und tatkräftiger fühlen oder welche andere Form von Wohlgefühl entsteht.
Konzentrieren Sie sich dann auf Ihren Hörsinn, und vernehmen Sie auf einmal ganz deutlich die Botschaft Ihrer Seele: »Sei du selbst!« Lauschen Sie dieser Botschaft, solange sie wollen.

Alle Angaben werden vertraulich behandelt.
* Der Newsletter kann jederzeit abbestellt werden.

Name/Vorname: ______________________

Straße: ______________________

PLZ, Ort: ______________________

Telefon: ______________________

E-Mail: ______________________

Geburtsdatum: ______________________

Bitte senden Sie mir:

- ☐ weitere Informationen aus dem Schirner Verlag
- ☐ den Schirner Newsletter (nur als E-Mail*)
- ☐ das SPIRIT live & Schirner Magazin

Diese Karte entnahm ich dem Buch:

____

Würden Sie dieses Buch weiterempfehlen?

____

Vielen Dank!

Das Porto übernehmen wir für Sie!

Antwort

Schirner Verlag
Elisabethenstr. 20 – 22
D-64283 Darmstadt

Ablauf eines **Ulu**

Ich habe Ihnen den Ablauf des Ulu im Folgenden detailliert dargestellt. Jeder Schritt hat seine Bedeutung. Sie werden den Ablauf schnell verinnerlicht haben. Er gewährleistet eine klare Ausrichtung, die zu einem klaren Ergebnis führt.

1. Entscheidung

Seeleninspiration beginnt mit der Entscheidung, diese Heilmethode jetzt einzusetzen.

2. Zeitraum

Sie legen genau fest, an welchem Tag Ihr Ulu beginnt und an welchem es endet. Ein klar definierter Zeitraum hilft Ihnen, konkret im Alltagsgeschehen zu lesen.

3. Absicht

Sie formulieren klar Ihre Frage, Absicht, Ihr Ziel, Problem, Anliegen oder Ihren konkreten Wunsch. Es hat sich bewährt, das Anliegen und den Zeitraum schriftlich festzuhalten. Lesen Sie mehr dazu im Kapitel »Anregungen« (ab S. 82).

4. Antriebskraft

Sie entwickeln Vorfreude auf die Antwort und Sehnsucht nach Inspiration durch Ihre Seele und erfreuen sich am Ulu.

5. Startschuss

Wenn die vorangegangenen Punkte erfüllt sind, ist Ihr Ulu aktiv, der Fokus ist gesetzt, das Kraftfeld ist aufgebaut, und die Seeleninspiration beginnt.

Wenn Sie mögen, können Sie den tatsächlichen Startschuss mit einem Piko-Piko-Atemzug (siehe Übung auf S. 64), dem Anschlagen einer Klangschale oder anderen Handlungen zelebrieren.

6. Beobachtungen festhalten

Am Abend oder Folgetag des ersten Tages reflektieren Sie Ihre ersten Erfahrungen. Was war das Thema/die Erkenntnis des Tages? Was hat an diesem Tag bei Ihnen Spuren hinterlassen, Sie auf irgendeine Weise berührt? Das können kleine und große Dinge gewesen sein. Diese Beobachtungen halten Sie in einer für Sie geeigneten Form fest. Hilfreich ist es, dem Tag einen Titel oder eine Überschrift zu geben.

Inspirationen dazu finden Sie in den Kapiteln »Anregungen« (ab S. 82) und »Erfahrungsberichte und Erfolgsgeschichten« (ab S. 92). Danach legen Sie Ihre Notizen zur Seite und lassen sie ruhen bis zum Ende des Ulu.

7. Verlauf

Im Verlauf des Ulu halten Sie für jeden einzelnen Tag Ihre Beobachtungen fest.

8. Abschluss

Am Ende des Ulu schenken Sie sich Zeit. Sie setzen sich in aller Ruhe hin, gehen noch einmal Ihre Aufzeichnungen durch, erleben in Gedanken noch einmal jeden Tag, stellen eine bewusste Verbindung zu Ihrer Seele her und fassen den »Prozess« Ihres Ulu in 1–3 Sätzen, einem Bild, einem Spruch oder einem Gefühl zusammen. Das ist das Fazit Ihrer Seeleninspiration. Sie können auch Ihre Seele bitten, es für Sie auf den Punkt zu bringen.
Danken Sie Ihrer Seele!

9. Erkenntnis

Es gibt verschiedene Möglichkeiten der Erkenntnis:

* Das Geschenk der Seeleninspiration ist für Sie erkennbar.
* Das Ergebnis zeigt sich in der Folgezeit durch äußerliche Veränderungen in Ihrem Leben.
* Sie verändern sich innerlich, denken, fühlen oder geben sich anders.
* Sie tun Dinge, die sie zuvor nicht getan haben.
* Sie tragen in sich eine Ahnung, die Sie nicht genau benennen können, die Ihnen aber dennoch Stärke und Vertrauen verleiht.

Sie werden den Zusammenhang erkennen und die Antworten auf Ihr Anliegen entdecken. Manchmal ist nichts erkennbar, und trotzdem passiert etwas. Vergessen Sie nie, Sie haben mit dem Ulu ein Kraftfeld geschaffen, das Reaktionen und Resonanzen hervorruft. Ihre Seele ist Kreativität pur und findet den besten und zu Ihnen passenden Weg, um für Sie zu wirken!

Wenn Sie ein Ulu zur Manifestation eines Wunsches machen, dann variieren Sie Schritt 6, indem Sie jeden Tag im Ulu die Erfüllung Ihres Wunsches visualisieren und Ihre Beobachtung auf das fokussieren, was in irgendeiner Weise mit Ihrer Wunscherfüllung zu tun hat.

Holger macht ein Ulu, um seinem Wunsch, einen geeigneten Arbeitsplatz nach Beendigung des Studiums zu finden, näherzukommen. Neben der täglichen Visualisierung, wie er das Zusageschreiben in Händen hält, konzentriert er sich auf Beobachtungen, die mit seiner Wunscherfüllung zusammenhängen. Er erfreut sich an den Menschen, die er auf dem Weg zur Arbeit sieht, an den Vögeln, die ihr Ziel, den nächsten Baum, erreichen, freut sich mit Menschen in Fernsehsendungen oder Büchern, die ihr Ziel erreichen, und vieles mehr. Er beobachtet, welche anderen Ziele er im Laufe eines Tages mühelos erreicht, wie das Zubereiten einer Mahlzeit, die Ankunft an der Uni oder die Verabredung mit der Freundin.

Eine weitere Ulu-**Variante**

Manchmal muss es schnell gehen im Leben, wir haben nicht viel Zeit, oder eine Situation erfordert eine schnelle Reaktion. Für solche Fälle ist die Kurzversion des Ulu sehr praktisch. Sie dauert maximal 1 Tag, eher 1 Minute bis wenige Stunden. Wenn ich meine Seele z. B. in meine Seminarvorbereitung einbeziehe, dann dauert dieses Ulu 15 Minuten. Wenn ich gerade keine Antwort auf eine Frage weiß und meine Seele um Hilfe bitte, dauert das Ulu 30 Sekunden.
Im Kurz-Ulu passiert die Inspiration während des Tuns in Form von spontanen Impulsen, die Sie sofort anwenden. Beim »langen« Ulu erfolgt die Inspiration allmählich, im Laufe des festgelegten Zeitraums, die Botschaften haben eine tiefe Wirkung, und Sie haben Zeit, um zu reflektieren. Beide Arten haben eine hohe Qualität und Wirkungskraft. Sie entscheiden, welches Ulu für Ihr Anliegen geeignet ist. Spielen Sie kreativ damit!

Ablauf eines Kurz-Ulu

1. Entscheidung

Der Startschuss fällt mit der Entscheidung, das Kurz-Ulu jetzt einzusetzen.

2. Zeitraum

Sie legen den genauen Zeitraum fest – je nach Anliegen. Beispiel: Während der 1-stündigen Fahrt zur Klinik möchte ich einen Impuls haben, wie ich mit der unzugänglichen Ärztin meiner Mutter umgehe, um ein konstruktives Gespräch über die weitere Behandlung zu führen.

3. Absicht

Sie formulieren eine klare Absicht, Frage, einen Wunsch oder ein Anliegen.

4. Antriebskraft

Vorfreude und das Vertrauen in die Seeleninspiration sind Ihre Antriebskräfte.

5. Beobachten

Entspannen Sie sich, und nehmen Sie dennoch genau wahr:

- Was geht in Ihnen vor?
- Was begegnet Ihnen?
- Welche Gedanken kommen Ihnen?
- Was beeindruckt Sie?
- Wie verändert sich Ihr Gefühl zu Ihrem Anliegen?

6. Abschluss und Erkenntnis

Folgende Erkenntnismöglichkeiten sind möglich:

- innere Gewissheit
- ein Gefühl von Vertrauen und Zuversicht
- eine instinktive Handlung
- ein konkreter Impuls

Danken Sie Ihrer Seele.

Wenn Sie das Kurz-Ulu im Rahmen einer Meditation einsetzen wollen, bieten sich die Übungen »Sich mit der Seele verbinden« aus dem Kapitel »Was ist die Seele eigentlich?« (ab S. 22) als Grundlage an.

Ein Kurz-Ulu ist auch im Schlaf möglich. Sie entscheiden sich vor dem Einschlafen, welches Anliegen Sie »bearbeiten« möchten, eröffnen damit die Seeleninspiration, verbunden mit dem Wunsch, dass Ihnen während des Aufwachens oder im Laufe des Morgens die Erkenntnis bewusst wird.

Anschließend sinken Sie vertrauensvoll in den Schlaf und genießen Ihre Nachtruhe. Am nächsten Morgen spüren Sie dem Traumgeschehen nach.

Eine andere Form des Kurz-Ulu ist der Hilferuf: »Seele, bitte übernimm du.« Das können Sie einsetzen, wenn Sie im Moment einfach nicht weiterwissen, »auf dem Schlauch stehen« oder ganz schnell eine Inspiration brauchen.

In den Kapiteln »Anregungen« (ab S. 82) sowie »Erfahrungsberichte und Erfolgsgeschichten« (ab S. 92) finden Sie weitere Ideen für den Einsatz der Seeleninspiration.

Im Grunde wissen Sie jetzt alles, was nötig ist. Wenn Sie es kaum mehr erwarten können, dann legen Sie los, und eröffnen Sie Ihr erstes Ulu. Wenn Sie gerne noch Ideen und Impulse hätten, dann lesen Sie noch die folgenden Kapitel. Sie sollen Ihnen als Inspiration für Einsatz und Gestaltungsmöglichkeiten des Ulu dienen.

Häufig gestellte *Fragen* zur Seeleninspiration

Überall finden wir häufig gestellte Fragen (FAQ). Das hat sich bewährt, und deshalb finden Sie auch hier Antworten auf wesentliche Fragen zum Ulu.

Was passiert bei einem Ulu?

Bildlich gesprochen, stellen Sie Ihrer Seele einen Kanal, eine Plattform, eine weiße Leinwand, eine leere Datei zur Verfügung, die sie mit Botschaften, Impulsen, Inspiration füllen kann. Sie erfassen diese Botschaften, indem Sie wahrnehmen, beobachten, lauschen und schreiben. Ein Ulu ist ein Weg zu Transformation und Wandlung.

Übung

Stellen Sie sich zu Beginn des Ulu eine große, weiße Leinwand vor, und beobachten Sie, wie diese immer bunter wird, Formen und Linien dazukommen und möglicherweise auch Buchstaben, Zahlen oder Symbole auftauchen. Es geht nicht darum, den Sinn dessen, was erscheint, zu entschlüsseln. Der Sinn dieser Übung ist, sich vorzustellen, dass etwas Gutes passiert und die Seele für Sie aktiv ist!

Wie passiert Inspiration im Ulu?

Alle produktiven und kreativen Ideen sind Inspirationen zu verdanken. Inspiration ist der Auslöser für Ideen. Sie werden inspiriert von Kunstwerken, Musik, Büchern, Filmen, Gesprächen, Zitaten, Gedichten, Gedankenblitzen, Personen, Träumen, der Natur, von Gegenständen und Düften. Alles kann ein Hilfsmittel Ihrer Seele für Inspiration sein und sich in Ihnen zu konkreten Handlungen, Gedanken und Erkenntnissen entwickeln. Ihre Seele sucht Inspirationsquellen aus, zu denen Sie einen Zugang haben. Ihre Intuition nimmt diese Inspirationen auf und lenkt Ihre Aufmerksamkeit darauf.

Wie erkenne ich die Botschaften?

Ihre Seele ist unglaublich kreativ darin, Ihr Anliegen zu beantworten und Ihnen hilfreiche und »sichtbare« Impulse oder Hinweise zu geben. Sie tut es meist mitten im Alltag. Die Botschaften fließen in Form von Gedanken, Impulsen, Begegnungen oder Symbolen. Sehen Sie es als ein Abenteuer an, Ihren Alltag genauer unter die Lupe zu nehmen und zu entschlüsseln. Damit werden Sie immer besser darin, Ihre Seele bewusst ins Leben einzubinden und deren Botschaften im Tagesgeschehen zu erkennen.

Seelenbotschaften berühren Ihre Gedanken, Gefühle und Sinne in hohem Maße. Ihr Blick bleibt an etwas hängen, ein intensiver Geruch oder Geschmack ruft nach Ihrer Aufmerksamkeit, oder Sie sind ganz im Spüren versunken. Außer über die Sinne zeigt sich Inspiration, wenn wir emotional berührt werden oder uns ein Gedanke nicht mehr loslässt. Deshalb ist es sehr hilfreich, Ihren Tag unter den Kriterien »Was hat mich heute berührt oder beeindruckt?« und »Was ist vom heutigen Tag hängen geblieben?« zu reflektieren.

Übung

Schließen Sie die Augen, und schalten Sie Ihre intuitive Seite ein. Gehen Sie noch einmal durch Ihren Tag, richten Sie Ihren Fokus auf das, was Sie berührt, einen Eindruck hinterlassen oder Ihre Aufmerksamkeit angezogen hat. Achten Sie auch auf scheinbar unbedeutende und doch im Gedächtnis hängen gebliebene Situationen, wie der Marienkäfer, der heute auf Ihrer Zimmerpflanze saß, eine Melodie, die Sie heute begleitet hat, oder wo Sie etwas wider alle Logik getan haben.

Mein Tag ist wie immer – was kann ich tun?

Seelenbotschaften können auch zart und leise sein. Ermächtigen Sie sich, das Besondere im Alltäglichen zu erkennen, auf Kleinigkeiten zu achten und die Symbolik hinter einem Geschehen wahrzunehmen. Statt zu denken »Es tut sich nichts«, entwickeln Sie die Einstellung: »Es tut sich was, und ich werde es mit der Zeit erkennen.« Die Grenzen unserer Wahrnehmung legen wir mit dem Verstand fest. Stellen Sie den Verstand zurück, damit Ihre intuitive Seite wirken kann. Öffnen Sie sich dem Zauber und der Magie von scheinbar bedeutungslosen Dingen im Alltag.

Manchmal scheinen intuitive Informationen auf den ersten Blick keinen Sinn zu ergeben. Legen Sie sie nicht achtlos zur Seite, lassen Sie sie einfach stehen, und warten Sie ab, irgendwann können Sie die Botschaft entschlüsseln. Und wenn nicht, dann entfaltet sich ihre Wirkung eben ohne logische Erklärung.

Übung

Stellen Sie sich vor, dass Sie sich während des Ulu eine neue Brille auf die Nase setzen. Gestalten Sie sich eine fröhliche, bunte, kreative und zauberhafte Brille, die Ihnen gefällt. Damit sind Sie auf einmal in der Lage, Botschaften Ihrer Seele zu erkennen. Mit dieser Brille auf der Nase lassen Sie Ihren Tag noch einmal Revue passieren.

Übung

Finden Sie die Glückmomente eines Tages. Wann war auch nur der Hauch von Glück für Sie spürbar? Entdecken Sie dabei, dass es mehr Glückmomente gab, als Sie gedacht haben, und entdecken Sie darin Zeichen Ihrer Seele.

Wie lange dauert ein Ulu?

Die Dauer des Ulu ist flexibel. Ich empfehle in der Regel einen Zeitraum von 5–10 Tagen. Das ist ein idealer Zeitraum. Nicht zu kurz, um in den Prozess hineinzufinden, sich damit auseinanderzusetzen, und nicht zu lang, um die Konzentration zu verlieren. Ich habe keine bewährte Standardlänge, sondern entscheide situativ. Natürlich ist es auch eine Frage der Routine, nehmen Sie sich am Anfang lieber ein bisschen mehr Zeit. Legen Sie die Länge fest, die zu Ihnen und Ihrem Anliegen passt. Lassen Sie sich von den Erfahrungsberichten inspirieren! Wenn Sie das Gefühl haben, Sie möchten das Ulu verlängern, dann tun Sie das.

Wann ist der richtige Zeitpunkt für ein Ulu?

Immer dann, wenn es Zeit ist, einen Entschluss zu treffen, Sie den Grundstein für einen Wunsch legen wollen, Sie Lust auf ein Ulu haben, der Wunsch nach einer Veränderung nachhaltiger wird, Ihnen ein Anliegen nicht mehr aus dem Kopf geht, Sie spüren, dass es Zeit für einen Entwicklungsschritt ist oder Sie blockiert sind. Ein Ulu ist immer nützlich, wenn Sie mit einer Angelegenheit leichter und entspannter umgehen wollen.

Letztendlich gewinnen Sie mit jedem Ulu und investieren dafür nur wenig Zeit und Aufwand. Trauen Sie Ihrer Intuition und Ihrem Willen, es zu tun!

Wie viel Zeit ist pro Tag dafür nötig?

Das Ulu braucht wirklich wenig Zeit. Wenn Sie es eröffnet haben, dann geht es nur darum, sich am Abend Zeit zu nehmen und den Tag zu reflektieren. Viele machen das in 5 Minuten, und andere nehmen sich mehr Zeit, weil sie es einfach genießen und es ihnen Wohlgefühl bereitet, den Tag auf diese Weise abzuschließen. So ist es auch mit dem Resümee am Ende des Ulu.

Wie oft kann ich ein Ulu machen?

So oft Sie wollen, sogar ohne eine Pause dazwischen! Ihre Seele mag der göttliche Teil von Ihnen sein, doch sie ist sehr pragmatisch und voller Lebensenergie. Sie werden Ihr weder lästig, noch sitzt sie auf einem Thron und hat nur eingeschränkte Sprechzeiten. Im Gegenteil, Ihre Seele freut sich über jeden bewussten Kontakt. Erlauben Sie sich, diese wunderbare Quelle so oft wie möglich zu nutzen!

Häufig mit Ihrer Seele in Kontakt zu sein, erleichtert Ihr Leben! Je intensiver Sie mit Ihrer Seele verbunden sind, desto fruchtbarer ist die Zusammenarbeit!

Übung

Stellen Sie sich vor, Sie sitzen Ihrer Seele gegenüber. Ihre Seele betrachtet Sie mit liebevollen Augen und mit dem höchsten Maß an Wertschätzung, das Sie sich vorstellen können. Liebevoll streicht sie über Ihren Kopf und Körper, lächelt Sie an und drückt durch diese Gesten die Wertschätzung aus, die sie für Sie empfindet. Jedes Zeichen von Wohlgefühl ist ein Zeichen dafür, dass Sie mit Ihrer Seele in Verbindung sind und deren Liebe spüren.

Muss ich mich während des Ulu im Alltag anders verhalten?

Nein, am besten sind Sie einfach unbeschwert und entspannt, freuen sich auf den Tag, liegen nicht permanent auf der Lauer oder warten auf das große Highlight. Gestalten Sie Ihren Alltag wie immer, und schenken Sie dem Rückblick am Ende des Tages Ihre Achtsamkeit, denn da passieren oftmals die Aha-Momente. Zur Seeleninspiration gehören aktives Wahrnehmen, Beobachten, eine gute Portion Gelassenheit und Vertrauen.

Übung

Rufen Sie eine Erinnerung wach, die Sie mit heiterer Gelassenheit verbinden. Diese Gelassenheit können Sie oder eine andere Person ausgestrahlt haben. Tauchen Sie ganz darin ein, nehmen Sie die Stimmung, die Töne, Gerüche und Einzelheiten dieser Situation so wahr, als würde sie jetzt gerade stattfinden. Konzentrieren Sie sich ganz auf dieses Gefühl, und breiten Sie es in sich aus. Das ist genau die innere Haltung, die für das Ulu ideal ist.

Welche Einstellung ist hilfreich?

Unsere Seele ist ein Teil von uns, unser bester Freund. Es ist einfach wunderbar, sie als perfekte Unterstützung an unserer Seite zu wissen. Deshalb erfreuen Sie sich an ihr, wann immer Ihnen die Seele in den Sinn kommt. Allein dadurch verändert sich etwas im Leben, und Sie stärken den Prozess der Seeleninspiration.

Sie machen es Ihrer Seele leichter, wenn Sie während des Ulu möglichst wenig Angst und Zweifel hegen und sich stattdessen auf die positiven Erkenntnisse freuen. Schenken Sie sich und Ihrer Seele Vertrauen! Damit kann Ihre Seele noch aktiver und wirkungsvoller sein. Vertrauen Sie darauf, dass Seeleninspiration wirkt, manchmal auf eine andere Weise, als Sie sich vorstellen.

Übung

Sehr hilfreich kann es sein, mit der Checkliste »Nützliche Denkweisen für Seeleninspiration« zu arbeiten, die Sie am Ende dieses Kapitels finden.

Wie kann ich sicher sein, dass ich im Anschluss an das Ulu richtig handle?

Es gibt keine festgelegte Zukunft, auch kein goldenes Buch, in dem geschrieben steht, wie unser Leben genau ablaufen wird. Deshalb können Sie sich von der Sorge frei machen, Fehler zu machen. Sie geben immer Ihr Bestes!

Übung

Ihre Seele traut Ihnen immer mehr zu als Sie sich selbst. Sie ist ein toller, geduldiger und Sie fördernder Coach, weil sie um Ihre Kraft und Ihr Potenzial weiß.
Suchen Sie sich spontan eine Situation aus, in der Sie sich hilflos oder nicht ernst genommen gefühlt haben, und stellen Sie sich vor, Ihre Seele würde statt Ihrer agieren. Lassen Sie sich überraschen, was passiert! Unsere Seele agiert immer aus einer Haltung der Stärke heraus.

Ich habe das Gefühl, meine Seele redet nicht mit mir ...

Wir sind immer mit unserer Seele verbunden, sie redet mit uns und hilft uns, wenn wir es zulassen und es uns vorstellen können. Ein klares Anliegen und gute Rahmenbedingungen fördern die Kommunikation. Durch den Einsatz des Ulu können Sie auf eine bewährte Methode zurückgreifen. Das Gefühl, von der Seele abgeschnitten zu sein, kann entstehen, wenn wir uns selbst herabsetzen und uns nicht stark und kraftvoll fühlen.

Übung

Stärken Sie sich, um sich für die Kommunikation und die Hilfe Ihrer Seele bereit zu fühlen. Beschenken Sie sich mit Schätzen aller Art. Stellen Sie sich vor, die Weisen aus dem Morgenland besuchen Sie und überladen Sie mit wundervollen Gaben. Entwickeln Sie ein Bild davon, wie Sie inmitten dieser Schätze stehen und sich daran erfreuen. Spüren Sie, in welcher Form sich Wohlgefühl zeigt.

Übung

Piko-Piko

Die Piko-Piko-Atmung ist eine einfache, jedoch höchst wirksame Atemtechnik, bei der der Nabel eine wichtige Rolle spielt. Im Huna wird der Nabel als das Machtzentrum gesehen. Mit dieser Technik stärken Sie Ihre Kraft zu handeln.

Sie atmen ein, während Sie sich auf den Scheitelpunkt Ihres Kopfes konzentrieren, beim Ausatmen konzentrieren Sie sich auf Ihren Nabel. Auf diese Weise bauen Sie eine Energiewelle zwischen den beiden Punkten auf. Ihr Fokus wandert bei jeder Atmung von oben nach unten. Sie dirigieren den Atem nicht, Sie ändern nur Ihren Fokus. Meistens sind drei Piko-Piko-Atemzüge ausreichend.

Was kann ich tun, wenn ich mir Seeleninspiration nicht zutraue?

Machen Sie sich bewusst, wie schön es wäre, Ihre Seele als Unterstützerin an Ihrer Seite zu haben, und malen Sie sich aus, wie gut Sie sich damit fühlen würden.
Ihre Seele ist pure Harmonie. Alles, was Sie unternehmen, um die Harmonie in Ihnen zu erhöhen, erleichtert den Kontakt.

Generell ist jede der 36 Heilübungen aus meinem Buch »Harmonie in 3 Minuten« ein wertvoller Helfer für Situationen, in denen Ihnen das Vertrauen fehlt, die Seelenverbindung unterbrochen oder der Prozess des Ulu ins Stocken geraten ist. Auch die folgende Übung bietet eine gute Unterstützung.

Übung

Stellen Sie sich eine Situation aus der Vergangenheit vor, in der Sie an eine Grenze gestoßen sind und zuerst dachten, sie sei unveränderbar. Damals haben Sie sich davon nicht beeindrucken lassen und die Grenze verändert.

Die Grenze war für Sie lediglich ein Hinweis: Veränderung einleiten, umdenken. Die gleiche Kraft setzen Sie nun dafür ein, sich Seeleninspiration zuzutrauen. Es ist jetzt genauso möglich wie damals!

War mein Ulu erfolgreich?

Diese Frage können nur Sie selbst beantworten. Sie werden den Erfolg nach Ihren Maßstäben bewerten. Huna beantwortet diese Frage ganz pragmatisch. Wenn Sie sich auf irgendeine Weise wohler und kraftvoller fühlen als zuvor oder mehr Freude oder Harmonie spüren, dann waren Sie erfolgreich. Erfolg ist sehr stark davon abhängig, wie wir unsere Erfahrungen betrachten, aus dem Blickwinkel des Optimisten oder mit der Sicht auf das, was schief gelaufen ist. Es bleibt dieselbe Erfahrung. Erfolg ist nicht immer so, wie wir denken, unsere Seele hat oft sehr weitreichende Ideen, die sich erst im Laufe der Wochen, Monate oder Jahre zeigen. Also: Seien Sie geduldig, und erwarten Sie das Beste.

Checkliste:
Nützliche Denkweisen für Seeleninspiration

Am Ende der Fragerunde möchte ich Sie mit nützlichen inneren Einstellungen zur Seeleninspiration bekannt machen. Ich bin der Meinung, wir sollten immer so kraftvoll wie möglich an den Start gehen und unnütze Denkweisen vorher über Bord werfen. Es lohnt sich, diese Checkliste durchzugehen, damit schaffen Sie gleich zu Anfang eine kraftvolle Grundlage für jeden Einsatz des Ulu.

Diese Einstellungen haben sich schon für viele Menschen als sehr hilfreich, unterstützend und motivierend erwiesen. Sie sind ein Angebot an Sie. Ich habe die Einstellungen in verschiedene Kategorien unterteilt, das erleichtert Ihnen den Überblick und die Auswahl.

Lesen Sie sich die Aussagen in Ruhe durch, und achten Sie darauf, bei welchen Aussagen Sie eine innere Zustimmung spüren. Das sind Ihre Kraftquellen für das Ulu. Aussagen, die ein Gefühl der Unsicherheit hervorrufen, können Sie sich merken und als Affirmation benutzen. Damit befreien Sie einen inneren Saboteur, der Ihre Wirkungskraft stört.

Seele

- Ich habe eine Seele, mit der ich kommunizieren kann.
- Ich kann meine Seelenkräfte immer nutzen.
- Meine Seele ist ein Teil von mir, und wir sind innig miteinander verbunden.
- Ich gestehe mir zu, ein unendliches Wesen in einem unendlichen Universum zu sein, in dem alles möglich ist.
- Ich spreche mit meiner Seele wie mit einem guten Freund, ungekünstelt, locker und liebevoll.
- Meine Seele wirkt für mich in der Stille und im Alltag.
- Ich nehme mich wahr, spüre mich, bin präsent und komme auf diese Weise ganz selbstverständlich in Kontakt mit meiner Seele.
- Ich freue mich auf die Kraft und Weisheit meiner Seele.

Ermächtigung

- Ich habe Zugang zu meiner Seele und vertraue meinem Können.
- Ich aktiviere meine natürliche Fähigkeit, mich zu fokussieren.
- Ich vertraue meiner Intuition.
- Ich übe, probiere und entwickle mich in meinem Tempo.
- Ich stelle einfache und klare Fragen und lerne, die Antworten zu verstehen.
- Ich entwickle ein Talent dafür, die vielfältigen Botschaften meiner Seele zu erkennen.
- Ich bin in der Lage, das Geschenk meiner Seeleninspiration zu erkennen.
- Ich selbst bin am besten in der Lage, die Botschaften meiner Seele zu interpretieren.
- Ich selbst entscheide, wie ich mit den empfangenen Impulsen umgehe.
- Ich erlaube mir, große Fische an Land zu ziehen.

Zielsetzung

- Ich bin überzeugt, je öfter und bewusster ich Kontakt zu meiner Seele aufnehme, desto müheloser gelingt mir die Kommunikation.
- Ich schaffe ein Kraftfeld, in dem Veränderung geschehen kann.
- Ich fokussiere mich auf das, was ich will.
- Ich bleibe im Vertrauen.
- Ich nutze meine Seelenkräfte für meine Entwicklung.
- Ich halte meine Erlebnisse, Begegnungen und Begebenheiten, die Spuren bei mir hinterlassen haben, auf eine für mich praktikable Art fest.
- Ich profitiere von jedem Ulu in der allerbesten Weise.

Kraftsäulen der Seeleninspiration

Die **7 Prinzipien** des Huna

In meinem Buch »Harmonie in 3 Minuten« habe ich die 7 Prinzipien des Huna ganz ausführlich beschrieben und erläutert, wie nützlich es ist, sie in jeden Heilprozess einzubinden. Diese 7 Prinzipien verkörpern die Kraftquellen, die nötig sind, damit Heilung geschehen kann. Deshalb liegt es auf der Hand, dass ich sie auch ins Ulu integriert habe. Ich habe für das jeweilige Prinzip den hawaiianischen Namen verwendet und Ihnen die dazugehörige Kraftquelle benannt. In der Spalte Integration sehen Sie, wie die Einbindung dieser 7 Kraftquellen praktisch geschieht.

Prinzip/ Kraftquelle	**Integration**
Ike/ Bewusstsein	Sie entscheiden, zu welchem Thema Sie ein Ulu durchführen, legen den Rahmen fest und beobachten, was während des Ulu passiert.
Kala/ Freiheit/ Verbundenheit	Sie öffnen den Raum für Veränderung und Wandlung, sind offen für Impulse und erlauben eine andere Sichtweise. Dabei verändern Sie Grenzen oder führen neue Grenzen ein. Sie intensivieren Ihre Verbindung zu Ihrer Seele und verbinden sich mit ihrer Kraft.
Makia/ Konzentration	Was wollen Sie? Worauf wollen Sie sich konzentrieren? Sie legen einen genauen Zeitraum für Ihr Ulu fest.

Manawa/
Präsenz

Sie nehmen wahr, beobachten, geben Raum und bringen Ihre Beobachtungen auf den Punkt – kurz gesagt: Sie sind präsent.

Aloha/
Liebe

Sie sind im liebevollen Dialog mit Ihrer Seele, schenken sich die Liebe und Unterstützung Ihrer Seele und verstärken Ihre Liebe zum Leben.

Mana/
Vertrauen

Sie allein interpretieren, resümieren und agieren im Rahmen des Ulu und halten die Verbindung zu Ihrer Seele. Dabei stärken Sie Ihre Souveränität und übernehmen Verantwortung. Sie bewerten das Ergebnis des Ulu und ordnen es ein.

Pono/
Harmonie

Alles hat ein Happy End, auch das Ulu. Sie kommen zu Erkenntnissen und legen Ihr Augenmerk darauf, inwieweit sich die Harmonie und Klarheit in Bezug auf Ihr Anliegen verbessert haben.

Aktive und klare **Einbindung** der Seele

Wir sind immer mit unserer Seele verbunden. Im Ulu binden wir aktiv und bewusst unsere Seele in unser Anliegen ein. Wenn wir das nicht tun, kann unsere Seele nur eingeschränkt wirken, im Rahmen dessen, was wir durch unser Denken und unsere Einstellungen zulassen. Mit dieser aktiven Einbindung öffnen wir die Tür zu einer bewussten Kommunikation und der Möglichkeit, über das unendliche Kraftpotenzial der Seele zu verfügen. Gleichzeitig hat damit die Seele die Chance, uns auf vielfältige Weise mit viel weniger Limitierungen zu unterstützen, uns Botschaften und Angebote zu senden und auch andere Menschen als Sprachrohr oder Helfer einzusetzen. Denn: Im Alltag hat die Seele oft keine Chance, durch den Filter unserer Sichtweisen und Einstellungen hindurchzudringen. Wir lassen keine andere Meinung zu. Wenn wir ein Ulu beginnen, öffnen wir uns für Aspekte und Betrachtungsweisen, wir werden zugänglicher. Das Ulu gibt Ihrer Seele den klaren Auftrag, sich einzubringen. Ihre Seele handelt nur auf Anfrage, sie mischt sich nicht zwangsläufig in Ihr Leben ein. Sie toleriert Ihren Weg und Ihre Entscheidung, welche Erfahrungen Sie machen wollen. Mit dem Ulu verfügen Sie über die Kraft der Sonne, ohne aktive Einbindung der Seelenkräfte manchmal nur über die Leuchtkraft eines Streichholzes.

Kraft der **Fokussierung**

Das Ulu ist bewusst einfach gehalten. Wenn es Ihnen zu einfach ist, stellen Sie sich die Frage, warum es komplizierter sein soll. Gönnen Sie sich Einfachheit, und sortieren Sie Glaubenssätze aus, die Ihr Leben kompliziert machen. Einfach bedeutet kraftvoll und wirksam, das kann Ihr neuer Leitspruch sein.

Die Einfachheit hilft Ihnen, den Fokus auf Ihr Anliegen, die Inspiration und Kraft Ihrer Seele zu richten und sich nicht in Regeln zu verstricken. Der Schlüssel, um das Einfache effektiv zu machen, ist der Fokus. Deshalb lassen Sie dem Ulu seine Einfachheit.

Erlauben Sie sich lieber, weiter zu üben, auszuprobieren und zu experimentieren, bis es Ihnen auf einmal leichtfällt. Wenn uns etwas leichtfällt, machen wir es einfach. Wir müssen nicht mehr darüber nachdenken, wir können es im Schlaf ausführen, es geht uns einfach von der Hand. Was uns einfach von der Hand geht, machen wir gerne und gut.

Ihre Absicht ist pure Energie und zieht Aufmerksamkeit an. Deshalb wird das, was in Ihrem Leben, im Zeitrahmen des Ulu geschieht, bedeutungsvoller. Der Zeitrahmen gibt dem Alltagsgeschehen Bedeutung. So kann die Aussage Ihrer

Freundin, »schwer, dich in der Menschenmenge zu finden«, im Rahmen eines Ulu zum Thema »Partnersuche« durchaus ein Hinweis sein, etwas Farbe ins Outfit zu bringen oder auf andere Weise sichtbar zu werden. Ihre Seele nutzt auch Menschen als Sprachrohr.

Die wenigen Regeln des Ulu erzeugen ein starkes Kraftfeld, und zusammen mit der Kraft Ihrer Seele entsteht Energie im Überfluss. Wenn etwas nicht so richtig funktioniert, liegt es meistens am Fokus. Ohne eine klare Ausrichtung gibt es nicht das gewünschte Ergebnis. So funktioniert das Universum. Fokus halten ist nicht immer einfach, deshalb macht Ihnen das Ulu das Fokushalten so einfach wie möglich! Wissen Sie, fokussierte Gedanken machen Dinge wahr! Vertrauen Sie darauf!

Die Kraft der **Liebe und Harmonie**

Das Ulu trägt die Liebe zum Leben und den Wunsch nach mehr Harmonie in sich. Es ist Ausdruck für die Verbundenheit und Großzügigkeit Ihrer Seele und unterstützt eine positive Lebensausrichtung. Es stärkt Ihre Selbstliebe, die Liebe zu Ihren Mitmenschen und arbeitet mit der natürlichen Ausrichtung Ihrer Seele nach mehr Harmonie. Betrachten Sie das Ulu als ein wunderbares Geschenk, gefüllt mit Liebe, das Sie sich selbst überreichen und allen, die an Ihrem Anliegen beteiligt sind. Auch wenn Sie es schon wissen, Liebe ist die stärkste Kraft im Universum!

Die Macht der **Verantwortung**

Das Ulu ermöglicht Ihnen eine unglaublich kraftvolle Arbeit durch die bewusste Integration Ihrer Seele, gepaart mit Ihrer Macht, die Verantwortung für Ihr Leben zu übernehmen.
Ein eindruckvolles Erlebnis vor vielen Jahren hat mir ganz deutlich gezeigt, was für eine Macht in der Verantwortung steckt.
Ich saß abends auf dem Balkon, betrachtete den Sternenhimmel und entschloss mich ganz bewusst, ab jetzt die volle Verantwortung für mein Leben zu übernehmen. Am nächsten Morgen war mir schwindelig. Der Schwindel steigerte sich im Laufe des Tages, ich fiel in Ohnmacht und wurde ins Krankenhaus gebracht. Die nächsten 20 Stunden verbrachte ich in einer Art Wachkoma. Als ich wieder voll präsent war, hatte sich mein Leben verändert. Ein Schalter hatte sich umgelegt, intuitiv wusste ich, was ich mit dem Rest meines Lebens anfangen wollte. Ich war ein anderer Mensch geworden. Zielstrebig richtete ich mein Leben neu aus und lebe seither »verantwortlich«.

Verantwortung bedeutet, Macht und Einfluss auf Ihr Leben zu haben. Mit der Entscheidung, ein Ulu durchzuführen, erteilen Sie Ihrer Seele einen konkreten Auftrag und nutzen die Inspiration auf Ihre Weise, um etwas zu verändern. Damit übernehmen Sie Verantwortung. Sie überlassen das Geschehen nicht mehr den anderen, verstecken sich nicht vor einer Entscheidung oder halten sich für hilflos. Nein, Sie zeigen dadurch Courage, beeinflussen Ihr Leben und setzen Ihre Macht zielgerichtet ein. So kann mehr Harmonie entstehen. Haben Sie Mut zu dieser Verantwortung, nur so entstehen die Veränderungen, die Sie und Ihre Seele sich wünschen.

Ich möchte an dieser Stelle die Gelegenheit nutzen und ein häufiges Missverständnis klären: Auch wenn Sie Ihrer Seele durch das Ulu einen Auftrag erteilen, heißt das nicht, dass Ihre Seele die ganze Arbeit macht und die Verantwortung dafür trägt. Nein, was passiert, ist, dass Ihre Seele Sie inspiriert, Fäden knüpft, Einladungen aussendet und Sie diese Inspirationen eigenverantwortlich umsetzen. Die Seele stellt Ihnen für die Umsetzung die nötige Kraft zur Verfügung. Doch dazu ist Aktivität notwendig.
Kennen Sie die Geschichte von dem Mann, der während einer Überschwemmung auf dem Dach seines Hauses sitzt und darauf wartet, dass Gott ihn rettet? Während des Wartens kommen zahlreiche Boote vorbei, wollen ihn mitnehmen, doch er steigt in keines ein, weil er auf die Hilfe Gottes warten will, und versinkt am Ende in den Fluten. Sie wissen jetzt um die Macht der Verantwortung und nehmen das erste Boot, das vorbeikommt. Glückwunsch!

Traumarbeit

Sie können Ihr Ulu noch stärker machen, indem Sie auch die Traumebene mit integrieren. Das geht ganz einfach. Bitten Sie vor dem Einschlafen Ihre Seele darum, mit ihrer Weisheit auch im Schlaf und im Traum zu wirken, Ihnen Botschaften zu übermitteln oder Ihnen innere Gewissheit zu geben. Dazu ist es nicht notwendig, dass Sie sich an Träume erinnern. Innere Gewissheit oder Inspiration, etwas zu tun, passiert einfach. Sie wissen ja, Ihre Seele hat Zauberkraft und findet den Zugang, der für Sie am besten ist!

Anregungen

Tagesreflexion und **Resümee**

Ich empfehle Ihnen, sich zu Beginn des Ulu ein großes Blatt Papier zu nehmen und darauf Ihr Anliegen, am besten in einem Satz, sowie den genauen Zeitraum zu notieren. Das sorgt für Klarheit und eindeutige Ausrichtung. Unsere Gedanken sind oft flüchtig und unkonkret, wir glauben zu wissen, was wir wollen, und formulieren es in unseren Gedanken nicht aus. Doch: Alles, was uneindeutig ist, beeinträchtigt die Wirksamkeit.

Laura wollte sich nicht die Mühe machen, das Thema ihres Ulu auf den Punkt zu bringen. Sie eröffnete ihr Ulu, legte den Zeitraum fest und wollte im 3. Schritt nur gedanklich festlegen, was ihr Ziel ist. Immer wieder schweiften dabei ihre Gedanken ab. »Egal«, dachte sie, »ich weiß ja, was ich will.« Laura war sehr geübt darin, Dinge intuitiv wahrzunehmen, dennoch war sie frustriert. Es gab nichts wirklich Konkretes zu beobachten. Am 3. Tag des Ulu rief sie mich an und sagte: »Es funktioniert nicht! Ich finde keine Erklärung dafür.« Meine erste Frage war: »Welche konkrete Absicht verfolgst du mit dem Ulu?« Was folgte, war eine schwammige Antwort, mit der ich nichts anzufangen wusste. Lauras Seele ging es ebenso.

Gleichzeitig lade ich Sie ein, Ihre Beobachtungen im Laufe des Ulu, auf eine Weise festzuhalten, die Ihnen leichtfällt und mit Freude verbunden ist. Das Ulu soll Sie nicht anstrengen oder eine lästige Pflicht sein. Seeleninspiration soll Spaß machen! Denn alles, was uns Spaß macht, bringt Energie ins Fließen und entspannt uns. Es lohnt sich allemal, sich am Ende des Tages diese Zeit zu schenken, innezuhalten, durchzuatmen und den Tag Revue passieren zu lassen. Ob wenige Worte ausreichen oder Sie eine längere Zusammenfassung schreiben, entscheiden Sie. Der Tagesrückblick verdichtet die Kraft und bringt das Erleben auf den Punkt.

Katja hat schon des Öfteren mit dem Ulu gearbeitet: »Ich mache mir tagsüber keinen Kopf. Was ich allerdings mache, ist, den Tag bewusster zu erleben, viel sinnlicher, als wenn ich kein Ulu mache. Wenn ich am Abend den Tag reflektiere, dann geht das schnell, die Gedanken fließen förmlich aus mir heraus, und ein großes Wohlgefühl entsteht. Ich bin begeistert, wie schnell es geht, den Tag zusammenzufassen und ihn noch mal bewusst zu erleben. Ich freue mich immer sehr darauf und bin richtig gespannt, welche Erkenntnisse entstehen. Am liebsten schreibe ich Elfchen (siehe S. 86), und wenn ich mir meine Elfchen nach einiger Zeit wieder durchlese, dann bin ich richtig beeindruckt von mir.«

Ideen zum Tagesresümee

Im Laufe der Jahre habe ich eine Vielzahl von Ideen entwickelt und ausprobiert, die ich Ihnen sehr gerne als Anregung für Ihr Tagesresümee zur Verfügung stelle. Ergänzen Sie die Vorschläge nach Belieben mit Ihren eigenen Ideen. Sie können diese Vorschläge sowohl für die tägliche Beobachtung als auch für die Schlusserkenntnis nutzen. Schreiben Sie mir gern, wenn Sie noch weitere Ideen ausprobiert haben.

- Tages- oder Schlussgeschichte schreiben
- ein Motto, Zitat, einen Titel oder Spruch wählen, das bzw. der den Tag auf den Punkt bringt
- Elfchen schreiben
- wenige, einfache Stichpunkte notieren, die die wesentlichen Beobachtungen umfassen
- ein Bild malen oder den Tag in ein gedankliches Bild fassen
- dem Tag eine Melodie geben
- ein passendes Symbol finden
- Liedtext oder Refrain eines Liedes bestimmen, der zum Tag passt

Im Kapitel »Erfahrungsberichte und Erfolgsgeschichten« (ab S. 92) finden Sie Anregungen für die praktische Umsetzung.

Exkurs zum Schreiben von Elfchen

Nicht jeder von Ihnen wird Elfchen kennen, deshalb gibt es hier eine kurze Beschreibung: Elfchen sind kurze, kreative Gedichte, ohne Reim. Sie sind eine schöne Hilfe, um etwas auf den Punkt zu bringen. Elfchen bestehen aus fünf Zeilen und elf Wörtern, deshalb heißen sie Elfchen. Jede Zeile besteht aus einer unterschiedlichen Anzahl von Wörtern:

1. Zeile – 1 Wort
2. Zeile – 2 Wörter
3. Zeile – 3 Wörter
4. Zeile – 4 Wörter
5. Zeile – 1 Wort

Hier einige Beispiele für Elfchen, die im Rahmen von Ulus entstanden sind:

Müdigkeit
innere Leere
meinen Körper zusammenrollen
auf der Erde liegen
ausruhen

Mühsam
kann sein
muss nicht sein
ich ändere den Kurs
Lebensgestaltung

Glücksmoment
jemandem vertrauen
gut aufgehoben sein
mich völlig neu erfahren
lächeln

Träume
aufwühlend, vorbei
Altes loslassen, leben
Freiheit im Heute finden
sofort

Ideen für Ulus

Das Ulu können Sie wirklich für alle Lebensthemen und Angelegenheiten verwenden. Sooft Sie wollen und auch mehrmals für ein Thema. Wenn es Ihnen noch an Ideen fehlt, finden Sie in diesem Kapitel Listen mit Anlässen dafür.

Wenn Sie sich fragen: Kurzes oder langes Ulu? Dann ist die Antwort: Das hängt von Anliegen und Zielsetzung ab. Wenn ich ein 5-Tages-Seminar besuche und die Kraft dieses Seminars für mich verstärken möchte, mache ich ein langes Ulu. Wenn ich einen 2-stündigen Vortrag halte, mache ich ein Kurz-Ulu. Will ich aber den Vortrag in ein Thema integrieren, das mich gerade beschäftigt, dann ist das lange Ulu wiederum ideal.

Wenn Sie sich heute Vormittag entscheiden sollen, ob Sie am Betriebsausflug teilnehmen wollen, werden Sie ein kurzes Ulu machen, wollen Sie generell Ihre Einstellung zu Ihren Kollegen oder der Firma reflektieren, bietet sich ein langes Ulu an.

Generell kann man sagen, dass kurze Ulus dann richtig sind, wenn wir gerade oder in kurzer Zeit etwas tun und dafür Unterstützung brauchen, wenn wir sehr schnell einen Impuls haben möchten oder das Anliegen nur eine kurze Zeitdauer hat, wie ein Vortrag, ein Gespräch oder eine kurze Tätigkeit. Lange Ulus sind wunderbar, um zu reflektieren, tiefere Erkenntnisse zu bekommen, etwas in Bewegung zu bringen, sich neu auszurichten oder Klarheit zu finden. Ein langes Ulu bedeutet, sich Zeit zu schenken, seinen Seelenkräften viel Raum zu geben und die Chance zu nutzen, brachliegendes oder nicht bewusstes Potenzial zu aktivieren.

Anlässe für das lange Ulu

* ein neuer Lebensabschnitt
* besondere Ereignisse wie Nachwuchsplanung, runder Geburtstag, Operation
* ein neues Lebensjahr
* der Jahreswechsel
* Beziehung oder Arbeitssituation reflektieren
* Neuausrichtung
* Selbstwertgefühl erhöhen
* weitreichende oder wichtige Entscheidungen treffen
* privates oder berufliches Projekt oder Vorhaben

* Änderung von Verhaltensweisen
* Rätselhaftes verstehen
* abnehmen, mit dem Rauchen aufhören, fasten
* Wunsch oder Ziel mehr Kraft geben
* Gesundheitsthemen aller Art
* Rituale, Seminare, Weiterbildungsmaßnahmen verstärken
* und vieles mehr

Anlässe für das Kurz-Ulu

* Vorbereitungen jeglicher Art (Feste, Seminare, Ausflüge)
* im Unterricht oder in einer Besprechung
* Vortrag oder Präsentation
* während der Heilarbeit
* beim Schreiben und Formulieren
* sportliche Unternehmungen
* wenn ein spontaner Impuls erforderlich ist
* innere Sicherheit für eine Entscheidung
* Stärke, um jetzt/heute etwas durchzuziehen
* Unterstützung für ein schwieriges Gespräch
* Prüfungen
* Hilferuf
* und vieles mehr

Erfahrungsberichte
und Erfolgsgeschichten

Langes Ulu

Barbara

Thema: Alleine in den Sommerurlaub fahren

Während eines 5-tägigen Ulu gab es zwei nachhaltige Beobachtungen. Das Lied »Je vole« aus dem Film »Verstehen Sie die Béliers?« begleitete mich fast die ganze Zeit, es ging mir nicht mehr aus dem Kopf, und meine Sehnsucht, »abzuheben, zu fliegen«, wuchs von Tag zu Tag. Dann war ich mit einer Freundin shoppen, probierte spaßeshalber ein rotes Sommerkleid an und legte es, obwohl es mir gut stand, wieder zur Seite. Meine eher konservative Freundin sagte später zu mir: »Schade, dass du dich nicht getraut hast, es zu kaufen!«

Am Ende des Ulu ging ich nochmals in das Geschäft und kaufte das Kleid, als Zeichen für meinen neuen Mut. Danach habe ich Urlaubsprospekte geholt. Beides waren große Schritte für mich, und wie von Zauberhand hatte ich die Kraft dazu.

Marianne

Thema: Im Alltag Zeit für mich finden

Ein 10-Tages-Ulu sollte mir helfen, einen Weg zu finden, im Alltag etwas Zeit für mich zu haben. Nach fünf Tagen brach ich das Ulu ab. Ich schob die Tagesreflexion jeden Tag immer weiter nach hinten, es gab immer etwas zu tun, was wichtiger war. Wenn ich dann endlich Zeit dafür hatte, war ich so müde, dass es mir schwerfiel, die Augen offenzuhalten. Zuerst dachte ich, das Ulu funktioniere bei mir nicht, doch dann schaute ich meine erste Tagesreflexion noch einmal bewusst an. »Sie steht auf, versorgt Mann und Kinder, geht zur Arbeit, macht Haushalt und Essen, schaut mit dem Mann fern – schläft ein.« Diese nackten Tatsachen machten mir bewusst, wie selbstverständlich ich mich auf den letzten Punkt meiner Prioritätenliste gesetzt hatte und dass mein Leben die nächsten Jahre so weitergehen würde. Das hat mich erschüttert, und ich beschloss spontan: »Damit ist jetzt Schluss!«

Meine Seele hat mir sehr deutlich gezeigt, um was es geht. Meine Kinder wollen gerade das Märchen von Rotkäppchen vor dem Einschlafen hören, und immer wenn ich es ihnen vorlese, erinnere ich mich daran, dass ich mich nicht mehr vom bösen Wolf fressen lasse!

Kati

Thema: Schimmel im Schlafzimmer

In der Wohnung unter mir wohnte eine Freundin mit ihrer Familie. In deren Schlafzimmer breitete sich Schimmel aus. Das Zimmer lag direkt unter meinem Balkon. Bei der Ursachensuche stellten wir fest, dass es an der Abdichtung meines Balkons liegen musste. Ich ließ den Balkon im vergangenen Jahr sanieren, sodass er dicht war. Eine Zeit lang war Ruhe, doch dann gab es neue Schimmelmeldungen. Ich war so unsicher, ob die Ursache wieder in meiner Wohnung zu suchen war oder ob ich meine schamanischen Kenntnisse einsetzen sollte, um die Freunde mit einem Ritual bei der Suche nach der Ursache der Schimmelbildung zu unterstützen. Mit dieser Frage begann ich ein 3-Tages-Ulu. Es war verblüffend, denn ich vergaß völlig dieses Ulu. Erst zwei Wochen später fiel es mir wieder ein. Die Antwort war eindeutig: Das ist die Sache deiner Freunde, halte dich raus, und lasse sie selbst eine Lösung finden. Seither beschäftigte mich das Thema nicht mehr.

Holger

Thema: Schwache Verkaufszahlen

Ich bin freiberuflicher Vertreter und werde nach der Summe meiner Verkäufe bezahlt.

Mehr als die Hälfte des Jahres war vorbei, und nach einem Superstart dümpelten meine Abschlüsse einfach so vor sich hin. Ich probierte ein 7-Tages-Ulu aus mit der Absicht, Dynamik in meine Verkäufe zu bringen. Am 1. Tag begegnete mir der Spruch: »Wenn du liebst, was du tust, arbeitest du nicht.« Okay, dachte ich, wer liebt schon seine Arbeit? Ich schrieb den Satz auf, beschäftigte mich aber nicht weiter damit. Am 3. Tag ging ich in ein Geschäft im Ort, um neue Hemden zu kaufen. Ich traf auf eine junge Verkäuferin der Extraklasse, nett, bemüht, quirlig und humorvoll. Ich fühlte mich richtig wohl und gut beraten und fasste spontan den Entschluss, sie auf eine Tasse Kaffee einzuladen. Sie hatte tatsächlich Zeit, und ich fragte sie, warum sie gerade diesen Beruf ergriffen hatte – schlechte Arbeitszeiten, große Konkurrenz und den ganzen Tag auf den Beinen sein. Sie erwiderte: »Ich mag einfach Menschen und freue mich, wenn ich sie zum Lächeln bringe. Ich habe echt Spaß und kann dabei so kreativ sein. Im Moment ist es einfach das Richtige für mich.«

Für die restlichen Tage des Ulu beobachtete ich mich mit den Augen dieser jungen Verkäuferin. Ich stellte fest, dass mir der Schwung und die Begeisterung irgendwie abhandengekommen waren. Ich war ein richtig sachlicher Brocken geworden, und meine menschlichen Qualitäten waren auf der Strecke geblieben. Ich fing wieder an, mit dem Menschen hinter dem Kunden zu reden, zu fragen, wie es ihm ging und was ich für ihn tun konnte. Wenn du liebst, was du tust …? Was liebe ich an meiner Arbeit, und wie kann ich das zum Ausdruck bringen? Dieser Frage bin ich nun auf der Spur.

Mareike

Thema: Schwangerschaft der besten Freundin

Meine Freundin Meli wurde mit Mitte Vierzig Mutter, und ich hatte nur einen einzigen Gedanken: Wie mutig in ihrem Alter, hat noch einen kränkelnden Vater zu versorgen, wie wird sie das packen? Mich mit ihr zu freuen, ging gar nicht. Körperlich reagierte ich auf diese Nachricht mit starker Beklemmung im Brustraum, mir fiel es schwer zu atmen, wenn ich daran dachte oder wir Kontakt hatten. Am liebsten wäre ich ihr aus dem Weg gegangen, doch wir sahen uns täglich in der Straßenbahn, und auf einmal eine andere Bahn zu nehmen, wäre schon komisch gewesen. Ich konnte meine

Reaktion einfach nicht verstehen und wollte das Thema mit einem 5-Tages-Ulu in Harmonie bringen.
Am 1. Tag sah ich nur Frauen mit Kindern, die sich im Café oder zum Spazierengehen trafen. Ich war richtig neidisch. Das konnte ich mir nicht erklären, weil mein Mann und ich uns immer darin einig waren, dass wir keine Kinder wollten.
Am 2. Tag sollte ich eine neue Mitarbeiterin einweisen. Wir kamen ins Gespräch, und sie erzählte mir, dass sie erst Tante geworden war und ihre Schwester keine Zeit mehr für Gespräche hatte. Sie meinte, sie würde das richtig vermissen und dass ihre Schwester ihre einzige Vertraute wäre. Ich sagte spontan: »Das ist ja richtig scheiße!« Kaum ausgesprochen, dachte ich innerlich: »Mareike, wie sprichst du? Seltsam!« Doch der Satz hatte Tiefgang. Ich kam meinem Problem auf die Spur. Ich erkannte, wie fixiert ich auf meine Freundin Meli war – unser Austausch jeden Tag in der Straßenbahn, gemeinsames Sporttreiben und das Wissen, dass ich immer anrufen konnte, wenn ich sie brauchte. Wer konnte sie ersetzen? Mir fiel niemand ein. Ich hatte mich ganz auf diese Freundschaft konzentriert, und nun?
Das Gefühl der Beklemmung besserte sich mit dieser Erkenntnis, doch ich wollte es am letzten Tag unbedingt ganz auflösen. Ich fokussierte mich den ganzen Tag darauf, machte Atemübungen und wünschte mir immer wieder, die wahre Wurzel zu finden. Abends hatte ich einen Termin bei der

Kosmetikerin. Ich blätterte lustlos durch eine Zeitschrift, und mein Blick fiel auf die folgenden Worte: »Wenn dir deine Fantasie einen Streich spielt, erschaffst du Monster.« Das war es! Ich fantasierte, wie sich meine Freundschaft mit Meli im schlimmsten Falle entwickeln würde, eine Leere würde entstehen, und ich würde mit dieser Leere nicht umgehen können. Ja, darum ging es, um die Leere. Schon lange dachten mein Mann und ich darüber nach, uns sinnvoll zu engagieren. Wir hatten das richtige Projekt noch nicht gefunden und, ehrlich gesagt, auch noch nicht richtig danach gesucht. Meli hatte ihr Projekt gefunden und ich die Botschaft meiner Seele verstanden: Suche dein Projekt, suche es jetzt, und schiebe es nicht mehr vor dir her. Ich war mir sicher: Das wird spannend und sicher ein Thema für ein neues Ulu.

Melissa

Thema: Existenzangst als selbstständige Geschäftsinhaberin heilen

Obwohl mein Geschäft gut lief, kamen immer wieder diese Existenzängste hoch. Ich machte ein 3-Tages-Ulu, um das zu ändern. Am 2. Tag entdeckte ich in der Mittagspause eine Spieluhr, deren Lied mich zutiefst berührte. Das Wiegenlied habe ich in einem Elfchen als Resümee meines Ulu zusammengefasst.

Wiegenlied
gesungene Liebe
voller Vertrauen träumen
tiefe Verbundenheit trägt mich
behütet

Ich höre das Lied immer wieder und spüre, wie mein Vertrauen wächst.

Nadja

Thema: Kraftvoller Jahresabschluss – die positiven Kräfte verstärken

Vom 29.12.–31.12. machte ich ein 3-Tages-Ulu. Ein bewegtes Jahr ging zu Ende, und ich wollte bewusst, die positiven Kräfte des alten Jahres mit ins neue Jahr nehmen. Das waren meine Tagesreflexionen.

1. Tag: Der Himmel schützt mich, und die Liebe meiner Familie trägt mich.
2. Tag: Unruhe macht sich breit, Aufbruchstimmung, immer in Bewegung.
3. Tag: Silvesterfeier – Fülle – Dankbarkeit – Lachen – Tanzen bis zum Morgen.

Als Resümee habe ich die Kräfte Liebe, Bewegung und Lachen in einen Rucksack gepackt, damit sie mich durch das neue Jahr tragen. Es war eine besondere Erfahrung für mich, den Jahreswechsel so bewusst zu erleben, ihm Bedeutung zu geben und damit Einfluss auf das neue Jahr zu nehmen.

Holger

Thema: Verstecktes Potenzial an die Oberfläche holen

Ich gönnte mir ein 8-Tages-Ulu, um mich von meiner Seele inspirieren zu lassen, wo ich noch versteckte Potenziale habe. Ganz eindrücklich nahm ich auf einmal das Schwimmen wahr. Es war Sommer, und wie immer ging ich jeden Tag nach Arbeitsende zum See. Es war ein sinnliches Vergnügen, durchs Wasser zu gleiten, mich treiben zu lassen und getragen zu werden. Auch die Düfte um mich herum nahm ich sehr intensiv wahr. Ich kaufte mir als Fazit des Ulu ein schönes Bild von einem Delfin, der mich daran erinnerte, wieder sinnlicher zu werden. Eigentlich hatte ich vom Ulu etwas ganz anderes erwartet, etwas in der Richtung: Mache noch etwas ganz Neues. Doch meine Sinne und meine Sinnlichkeit neu zu erleben, das ist echt stark!

Jule

Thema: Wie soll ich mich entscheiden?

Ich fand im Briefkasten einen Brief von einem unbekannten Mann, der sich mit mir auf ein Glas Wein treffen wollte. Er hatte mein Bild auf einem meiner Werbeflyer als Fitnesstrainerin gesehen. Außer der Handynummer gab es keine weiteren Informationen über ihn. Ich war neugierig, rief ihn an und sprach auf die Mailbox. Kurze Zeit später erhielt ich eine E-Mail mit Bild und Informationen von ihm, verbunden mit der Frage, ob ich Lust auf ein Treffen und eine lockere Beziehung hätte. Zuerst wollte ich sofort antworten und ein bisschen was über mich schreiben, doch dann beschloss ich, mir Zeit zu geben und ein 4-tägiges Ulu zu machen. Am nächsten Tag erzählte ich einer Freundin davon. Die riet mir, eindeutig zu klären, was er wolle, bevor ich anfinge, hin- und herzumailen und mir Traumschlösser aufzubauen. Die folgenden zwei Tage hatte ich das Gefühl, nur fremdbestimmt zu sein, wie eine Marionette. Das war auch das Symbol meiner Tagesreflexionen. Am 4. Tag machte ich eine Radtour und hatte plötzlich den Impuls, die Seile der Marionette zu lösen und frei zu sein. Wieder zu Hause beantwortete ich seine Mail mit den Worten: »Nein, danke!« Ich hatte das Gefühl, das war ein Befreiungsschlag, weil ich mich viel zu oft nach den Interessen anderer richtete, anstatt mir klarzumachen, was ich wollte, und das zu verfolgen. Eine lockere Beziehung steht nicht auf meiner Liste.

Verena

Thema: Ich will einen schmerzfreien Rücken!

Ich plagte mich seit Monaten mit Rückenschmerzen herum. Egal, was ich ausprobierte, ganz kurz war es besser und einen Tag später das alte Lied. Ich machte ein 7-tägiges Ulu, um den Schmerzen auf den Grund zu gehen. Am 1. Tag beobachtete ich nicht viel. Am 2. Tag bekam ich aus heiterem Himmel einen Anruf, ob ich an einer Stelle noch interessiert sei. Damit hatte ich nicht gerechnet, das Bewerbungsgespräch war zwei Monate her. Ich war daran interessiert! Am 3. Tag hatte ich einen Termin bei meiner Heilerin, weil ich seit zwei Wochen kaum mehr Essen schmerzfrei verdauen konnte. Sie sagte mir, meine Darmschleimhaut sei sehr entzündet. Oje, das war eine heftige Nachricht! Sollten die Rückenschmerzen damit zusammenhängen, die Heilerin als Sprachrohr meiner Seele? Ich spürte eine Sicherheit, dass es einen Zusammenhang gab. Am 4. Tag traf ich die Entscheidung, zu fasten und alles zu tun, was meinem Darm Heilung brachte!

Der 5. Tag war grandios. Ich machte meinen ersten Tandemgleitschirmflug. Ich stand am Absprung mit der Absicht, alles, was mit Rückenschmerzen und Darmentzündung in Verbindung stand, loszulassen und ohne diesen Ballast den Flug zu genießen. Am 6. Tag waren die Rückenschmerzen weg, und sie sind nicht mehr zurückgekommen. Mein Fazit: Eine magische Woche. Ohne Ulu wäre ich nie auf die Idee gekommen, eine Verbindung zwischen Darm und Rücken herzustellen. Zusätzlich gewann ich die Erkenntnis: Erwartungen sind echt ein starkes Werkzeug!

Tanja

Thema: Wunsch-Ulu – Zusage des Ausbildungsplatzes

Ich wollte unbedingt einen Ausbildungsplatz beim Zollamt. Den schriftlichen Einstellungstest hatte ich schon bestanden, und die Einladung für das entscheidende Auswahlverfahren lag auf dem Tisch. Meine Mutter schlug mir vor, ein Ulu zu machen. Normalerweise ist das nicht mein Ding. Doch ich dachte, schaden kann es nicht, und ich wollte einfach alles tun, um den Ausbildungsplatz zu bekommen. Ich beschloss, dass ein 3-Tages-Ulu für den Anfang genügte, und begann zwei Tage vor dem Einstellungstermin, sodass der Tag des Auswahlverfahrens mit eingeschlossen war. Ich bin nicht so gut im Beobachten, doch ich liebe es, auf meiner Gitarre herumzuklimpern. Also setzte ich mich jeden Abend hin und gab dem Tag eine Melodie. Danach visualisierte ich, wie ich mit dem Zusageschreiben in der Hand einen Luftsprung mache. Ich habe tatsächlich die Zusage erhalten, ob das ohne Ulu auch geklappt hätte, weiß ich nicht. Jedoch hatte ich, seitdem ich das Ulu begonnen hatte, immer dieses Gefühl, es klappt. Das nahm mir die Nervosität und war beim Warten auf die Zusage sehr hilfreich.

Ramona

Thema: Neue Lebensausrichtung

Im Rahmen mehrerer Heilbehandlungen ist mir immer deutlicher bewusst geworden, dass ich in meinem bisherigen Leben mehr reagiert als agiert habe. Ich wollte nicht mehr Hindernisse aus dem Weg räumen, ich wollte mehr Zeit damit verbringen, mir meine Wege bewusst zu erschaffen. Das war der Hintergrund für ein 8-Tages-Ulu.

Ich gab jedem Tag ein Motto oder einen Spruch und suchte aus meiner Sammlung an Sprüchekarten die beste aus. Es war eine tolle Erfahrung, dem Tag schon gleich am Morgen ein Motto zu geben und mich tagsüber auf das zu fokussieren, was dem Motto entsprach. Der 6. Tag hat mir am besten gefallen. Das Tagesmotto war: »Jetzt und hier – genieße den Moment – fang das Schöne ein.« Ich habe mir im Büro jede Stunde eine 1-Minuten-Pause gegönnt, einfach aus dem Fenster geschaut und das Schöne in diesem Moment eingefangen. Ich spürte, ich kann wirklich bewusst meinen Tag erschaffen. Das hat mir die Basis für meine neue Lebensausrichtung gegeben.

Karsten

Thema: Komplikationsfreie Knie-Operation

Ich nutzte das Ulu in der Hoffnung auf eine komplikationsfreie Knie-OP und einen schnellen Heilungsverlauf. Der Klinikaufenthalt sollte drei Tage dauern, das war auch der Zeitraum für mein Ulu. Ich hielt mein Ulu in Form einer Fortsetzungsgeschichte fest, im Stil eines Science-Fiction-Romans. Das fiel mir leicht: Starke Arme schoben mich in einen Zaubersaal. Dort waren Männer mit Zauberkräften und magischen Werkzeugen, die mein Knie auf wundersame Weise wieder voll beweglich machten. Ich vertraute ihnen ganz und gar und nutze den Dämmerschlaf während der OP, um mir auszumalen, wie ich nach der OP wieder meinen sportlichen Aktivitäten nachgehen konnte, im frischen Pulverschnee wedelte und sah mich auf einer Wandertour in den Dolomiten.

Nach dem Aufwachen wusste ich, die OP war erfolgreich gewesen, hilfsbereite Menschen mit besonderen Augen waren um mich herum, die alles dafür taten, damit es mir gut ging. Auch die Mahlzeiten waren mit Zauberkräften für eine schnelle Genesung angereichert. Am letzten Tag meines Klinikaufenthaltes hatte ich den Zauber dieser Stätte schon verinnerlicht. Ich konnte meine Heilkräfte förmlich spüren, und Zuversicht hüllte mich ein. Voller Optimismus ging ich wieder nach Hause.

Simone

Thema: Was ist die Ursache für den Ausschlag um Augen und Nase?

Ich kann pendeln und finde mit dieser Methode oft heraus, was für Heilung nötig ist. Doch dieser Ausschlag war heilungsresistent. Ich wollte der Sache auf den Grund gehen und nutzte dafür ein 5-Tages-Ulu.

1. Tag: Aussage einer Freundin: »Für deine neue Aufgabe als Kundenbetreuerin musst du dein Aussehen ändern. Du bist so qualifiziert und wirkst auf den ersten Blick wie ein graues Mäuschen.« Während der Tagesreflexion riss ich mir in Gedanken das Mauskostüm vom Leib und zog mir ein Prinzessinnengewand an.
3. Tag: »Liebe dich so, wie du bist, und presse dich nicht in eine Schablone!« Das war die Aussage meiner Mama zum Thema »graue Maus«. Ich erforschte meine Liebe zu mir und merkte, in Bezug auf die neue Aufgabe begegnete ich mir mit mehr Zweifeln als Vertrauen. Ich erinnerte mich an eine

Huna-Übung, überschüttete mich mit Liebe und ließ sie in jede Zelle meines Körpers fließen. Am nächsten Tag merkte ich, dass der Ausschlag nachließ.
5. Tag: Ich hielt meine erste Präsentation ab und bekam sehr viel Lob dafür. Ich war auf dem Weg, authentisch aufzutreten. Ich spürte die positive Wirkung auf die Zuhörer, wenn ich mich, mein Tun und das Neue einfach liebte und mir zugestand, dass ich erst am Anfang dieser Entwicklung war und auch mal etwas schief gehen durfte.

Frauke

Thema: Wie kann ich die Weiterbildung noch besser für mich nutzen?

Ich machte eine 2-jährige Weiterbildung und war gerade in der Mitte der Ausbildungszeit angekommen. Ich entschied mich für ein 4-Tages-Ulu, um Erkenntnisse darüber zu gewinnen, wie ich die Weiterbildung noch besser verinnerlichen konnte. Am 1. Tag stand ich abends mit meiner Nichte auf dem Balkon, um den Vollmond zu betrachten. Immer wieder schob sich eine Wolke vor den Mond, und dann rief meine Nichte: »Hallo Mond, wo bist du? Komm heraus aus deinem Versteck.« Jedes Mal zeigte sich der Mond wieder in seiner ganzen Pracht, meine Nichte klatschte in die Hände und war voller Freude. Diese Leichtigkeit, Dinge zu bewirken, beeindruckte mich. Ebenso wie der Spaß dabei und das Vertrauen, das meine kleine Nichte in ihre Wirkungskraft hatte. Leichtigkeit, Spaß und Vertrauen zogen sich wie ein roter Faden durch die vier Tage.

Das Ulu ist schon einige Wochen her, und ich merke, wie sich meine Einstellung zum Lernen und Anwenden verändert hat. Vor allem die Leichtigkeit tut mir gut, weil ich dazu neige, mich in den Lernstoff zu verbeißen.

Mirijam

Thema: Was hält mich von einem tiefen und gesunden Schlaf ab?

Monatelang lag ich viele Nächte ab zwei Uhr nachts wach und wartete auf das Klingeln des Weckers, ohne wieder einzuschlafen. Ich fühlte mich immer schlapper und unkonzentrierter. Eine Freundin erzählte mir von ihren Ulu-Erfahrungen und inspirierte mich dazu, ein 8-Tages-Ulu zu machen. Die Essenz meines Ulu zog sich wie ein roter Faden von Anfang an durch meine Tage: Angst, nicht mehr alles unter Kontrolle zu haben. In meinem Leben empfinde ich so vieles als nicht kontrollierbar. Zum Beispiel das Alter, mein Körper wird unelastischer, faltiger, und Neues zu lernen dauert immer länger. Im Beruf kommt fast jede Woche etwas Neues dazu, meine Arbeit wird immer weniger planbar, und gleichzeitig gibt es ständig neue Vorschriften, um alles unter Kontrolle zu haben. Auch zu Hause spürte ich deutlich die Angst, im Chaos zu versinken. Meine Eltern sind über 80 Jahre alt, ihr Gesundheitszustand ist nicht stabil, und ich fürchte, dass auch meine Schwiegermutter auf meine Hilfe wartet. Ich erkannte, dass ich immer auf Stand-by geschaltet war. Über diese Erfahrungen habe ich Elfchen geschrieben.

Meine neue Strategie ist, nachts mit meiner Seele auf Reisen zu gehen, davonzufliegen und ihr in meinen Träumen nahe zu sein. Ich lege mich jetzt mit großer Vorfreude ins Bett und gönne mir Nacht für Nacht das Abenteuer, im Traum mein Vertrauen zu stärken und den Stand-by-Knopf auszuschalten.

Doris

Thema: Gesünderes Essverhalten entwickeln

Ich hatte mir ein wirklich ungesundes Essverhalten angewöhnt. Meistens aß ich im Stehen, während ich eine Mahlzeit vorbereitete oder während der Arbeit. Trotz guter Vorsätze kam ich aus der Gewohnheitsschleife nicht heraus. Ich entschied mich für ein 6-Tages-Ulu. Am 1. Tag ging ich mit einer neuen Kollegin essen. Sie kaute genüsslich und redete beim Kauen nicht. Es fühlte sich für mich seltsam an, so viele Gesprächspausen zu haben. Unwohlgefühl machte sich in mir breit. Wieder am Schreibtisch gab es einen Schokoriegel für das komische Gefühl. Ansonsten, so dachte ich, waren meine Tage wie immer. Am Ende des Ulu bat ich meine Seele um ein Fazit. Ich saß ganz still und wartete. Dann stand ein Gedanke im Raum: »Gönne dir, in Fülle zu essen, statt deine Gefühle zu essen.« Aha, dachte ich, interessante Aussage, das beobachte ich. Tatsächlich bemerkte ich, dass ich mit dem Essen meine unangenehmen Gefühle auflöste, den Ärger, den Zeitdruck oder die Enttäuschung. Ich beschloss, spontan ein Ulu anzuhängen, um Inspirationen zu bekommen, auf welchem anderen Weg ich diese Gefühle wandeln könnte.

Selina

Thema: Die große Party zur Silberhochzeit

Ich hatte für meine Eltern eine große Überraschungsparty zur Silberhochzeit geplant. Alles war schon in trockenen Tüchern, als zwei Tage vorher die Cateringfirma aus Krankheitsgründen den Auftrag canceln musste. Ich war völlig aufgelöst, und meine einzige Rettung war ein Kurz-Ulu, um im Laufe des Nachmittags einen Ersatz zu finden. Ich suchte im Internet und entdeckte eine Catering-Webseite, die noch im Aufbau war. Spontan rief ich an und erfuhr von der Inhaberin, dass sie gerade dabei war, einen Partyservice aufzubauen. Ich schilderte ihr meine Notlage, und sie meinte, wenn ich den Transport der Speisen und des Bestecks organisieren könnte, dann würde sie den Auftrag übernehmen. Ihre Küche wäre noch nicht ganz fertig, doch sie wäre bereit, zu improvisieren. Das war Rettung in letzter Minute. Übrigens fanden die Gäste es witzig, ihr eigenes Besteck mitzubringen.

Norbert

Thema: Versagensangst in den Semesterprüfungen

Ich habe ein Traum-Ulu gemacht, mich ins Bett gelegt und meine Seele aufgefordert, mir zu helfen, Stärke und Vertrauen in mich zu entwickeln. In dieser Nacht bin ich immer wieder kurz aufgewacht. Ich hatte wirklich das Gefühl, meine Seelenkräfte durchdrangen meinen ganzen Körper, jede Zelle. Am nächsten Tag stand ich auf und war verblüfft, ich war sehr viel ruhiger, konnte sogar frühstücken, und die Prüfung lief gut.

Anja

Thema: Flagge zeigen

Ich saß in einer Besprechung zu einem Thema, das mir wirklich am Herzen lag. Ich hatte mir vorgenommen, selbstbewusst und deutlich meine Argumente vorzutragen. Kurz vor der Besprechung war ich sehr unsicher. Ich machte ein Kurz-Ulu für Stärke für die Dauer des Meetings. Es war, als wenn eine unsichtbare Kraft hinter mir stand und mich ermunterte zu sprechen. Ich war danach richtig zufrieden mit mir.

Elke

Thema: Seele, bitte schreib du!

Ich mochte weder Kondolenzkarten schreiben, noch eine Trauerrede halten, und Beerdigungen waren mir immer ein Gräuel. Doch ich hatte die Aufgabe bekommen, eine Abschiedsrede für eine liebe Freundin aus meinem Literaturzirkel zu halten, die kürzlich verstorben war. Ihr Mann sagte mir, sie hätte sich so sehr gewünscht, dass ich auf der Abschiedszeremonie etwas sagte. Die Zeremonie sollte ganz unkonventionell auf einem Baumfriedhof stattfinden. Am Abend davor hatte ich immer noch keine Idee. Ich setzte mich an meinen Laptop, öffnete eine leere Datei, seufzte tief und sagte zu meiner Seele: »Schreib du, bitte. Finde die richtigen Worte, und bewege einfach meine Finger.« Ich fing sofort und ohne nachzudenken an zu schreiben, und nach kurzer Zeit war ein wunderbarer Text entstanden. Puh, war ich erleichtert und gleichzeitig berührt, wie einfühlsam der Text geworden war. Ich war selbst überrascht, wie einfach das ging, dabei hatte ich in meiner Verzweiflung nicht einen Moment daran gezweifelt, ob es überhaupt funktionieren würde. Wirklich eine spannende Erfahrung!

Susanne

Thema: Welches Reiseziel ist für meinen nächsten Entwicklungsschritt am besten geeignet?

Ich machte ein Traum-Ulu. Am nächsten Morgen summte mir beim Aufwachen das Lied »Ich war noch niemals auf Hawaii« im Kopf herum. Oh Gott, dachte ich, so lange fliegen. Zwei Wochen später buchte ich den Flug, und mit dieser Reise öffneten sich für mich ungeahnte Türen in meiner beruflichen Entwicklung.

Irene

Thema: Unterrichtsvorbereitung

Ich bin Lehrerin – und eine Perfektionistin –, deshalb dauerte die Unterrichtsvorbereitung immer sehr lange. Jetzt eröffne ich ein Ulu, wenn ich mich an den PC setze und mit der Vorbereitung beginne. Wenn der Prozess ins Stolpern kommt oder ich mich an einem Punkt im Kreis drehe, sende ich zusätzlich noch einen Hilferuf ab. Allmählich vertraue ich dem Ganzen immer mehr, weil die Antworten kommen, und ich bin tatsächlich schneller fertig.

Kerstin

Thema: Bestehen der mündlichen Heilpraktikerprüfung

Während meiner mündlichen Heilpraktikerprüfung bekam ich einen kniffligen Fall geschildert, der keine klare und offensichtliche Lösung erkennen ließ. Ich schickte einen Hilferuf zu meiner Seele und spürte ab dem Zeitpunkt, dass es enorm wichtig war, immer wieder zu bestätigen, dass ich ohne genaue Diagnose eines Facharztes nicht tätig werden würde. Ich konnte es dem Prüfer nicht erklären, doch ich blieb bei meiner Meinung. Diese innere Gewissheit hat zum Bestehen meiner Prüfung gleich beim ersten Mal beigetragen.

Regina

Thema: Hilferuf während der Heilarbeit

Ich saß einem neuen Patienten gegenüber, zu dem ich keinen Zugang fand. Meine Fragen beantwortete er nur einsilbig, und was ich ihm vorschlug, blockte er ab. Ich schickte einen Hilferuf an meine Seele. Plötzlich begann ich, ihm zu erzählen, wie gerne ich meinem Nachbarn bei der Arbeit mit seinen Bienen zusah. Er taute spürbar auf und erzählte, wie gern er als Kind seinem Opa dabei geholfen hatte. Seine Skepsis mir gegenüber war gewichen, und wir konnten mit der Heilarbeit starten.

Heiko

Thema: Neue Kraft für die Tourenskiwanderung

Schon lange träumte ich davon, mit zwei Freunden eine ausgiebige Skiwanderung mit Tourenski zu machen. Das Wetter und der Schnee waren perfekt, als wir unsere mehrstündige Tour starteten. Von Anfang an spürte ich eine merkwürdige Schwäche in meinen Beinen. Meine Freunde liefen weit voraus, und je mehr ich mich anstrengte, desto weiter fiel ich zurück. Ich war sauer auf meinen Körper, dass er mich ausgerechnet an diesem Tag im Stich ließ. Ich machte ein Kurz-Ulu für die Dauer der Skitour, um in meine Kraft zu kommen.

Kaum gedacht, stoppten meine Freunde, schlugen mir vor, eine Pause zu machen und den Ausblick zu genießen. Danach ging es spürbar besser. Wir sind echte Sportcracks, und Pausen stehen sonst nicht auf unserem Plan. Diese unerwartete Unterstützung meiner Freunde tat mir richtig gut.

Susanne

Thema: Und nun?

Nach einem Autounfall in Südafrika war mein Urlaub nach wenigen Tagen beendet, und ich saß wieder im winterlichen Deutschland. Ich habe bewusst ein Kurz-Ulu gemacht, um herauszufinden, was ich mit den restlichen freien Tagen anfangen sollte. Es sollte etwas sein, woran ich Spaß hatte, bei dem das lädierte Steißbein nicht schmerzte und etwas, was mich erfüllen würde. Ich setzte mich in aller Stille hin und wartete auf eine Antwort. Schnell hörte ich: »Schreibe!« »Was soll ich schreiben?«, fragte ich. »Fang einfach an, und du wirst rasch erkennen, um was es geht«, bekam ich zur Antwort. So ist dieses Buch entstanden.

Fazit, Segen, Dank

Herzlichen Glückwunsch! Sie haben das wunderbare Geschenkpaket der Seeleninspiration ausgepackt. Damit haben Sie den Grundstein für eine aktive Partnerschaft mit Ihrer Seele und Ihren Seelenkräften gelegt. Mit diesem einfachen und wirkungsvollen Instrument können Sie nun so kraftvoll und selbstsicher wie Maui ins Meer der Möglichkeiten eintauchen.

Ich danke meiner Seele für die zauberhaften Kräfte, die sie in mein Leben bringt, und für ihre kreative Weisheit, die mir geholfen hat, Sie mit Seeleninspiration zu beschenken. Ich freue mich, wenn es Ihnen wie mir geht und Sie ganz selbstverständlich auf Ihre Seele zurückgreifen, sie einfach zu Ihrer Seelenfreundin machen.

»Ulu o ka la« – Die Sonne geht auf!
Nutze die magische Zeit des Sonnenaufgangs,
und richte deinen Weg neu aus!

Ich wünsche Ihnen von Herzen viele magische Sonnenaufgänge mit der Seeleninspiration und dem Ulu. Einen Zuwachs an Vitalität und Ausstrahlung und ein gutes Gespür für den richtigen Weg. Erwarten Sie das Beste! Ich tue es auf jeden Fall!

Seelenvergnügte Herzensgrüße
Ihre Susanne Weikl

Über die **Autorin**

Susanne Weikl ist Heilpraktikerin (Psychotherapie), schamanische Heilerin und Alaka'i (Huna-Lehrerin) von Aloha International, Hawaii. Mit Anfang 40 richtete sie ihr Leben neu aus, beendete ihre langjährige Tätigkeit in der Personalentwicklung einer Bank und widmete sich ganz der Heilarbeit. Mit Leidenschaft ist sie dem Geheimnis der Heilung auf der Spur. In ihrer Arbeit profitiert sie dabei von ihren Begegnungen und dem Austausch mit Heilern weltweit.

Seit mehr als 10 Jahren arbeitet sie als Therapeutin und Heilerin in ihrer eigenen Praxis in Neu-Ulm. Ihr breites Wissen gibt sie mit Begeisterung in Einzelsitzungen, Trainings und in der Ausbildung zum zertifizierten Huna Practitioner© weiter. Dabei bevorzugt sie einfache Lösungen und bietet einen Heilweg an, der Harmonie und Lebensfreude vermehrt.

Die Natur ist ihre Inspirationsquelle für neue Ideen und Impulse. Sie hört und erzählt gerne Erfolgsgeschichten und fordert die Menschen auf, ihre enormen Heilkräfte zu aktivieren. Ihr Ziel ist es, ihre Kursteilnehmer zu ermächtigen, eine individuelle Art des Heilens, ihr Huna zu finden.

www.susanne-weikl.de

Bildnachweis

Bilder von der Bilddatenbank www.shutterstock.com:
Schmuckelemente: #389172478 (©Wealthylady), #459368335 (©Boonchuay1970); Weitere Bilder: S.6 #243670381 (©Elovich), S.9 #360224480 (©Jag_cz), S.12 #421960597 (©Lidiya Oleandra), S.14 #389945917 (©Mybona), S.18 #170059781 (©Laura Bartlett), S.26 #407638303 (©Ozerov Alexander), S.29 #234036598 (©Annette Shaff), S.37 #137778842 (©Stockdonkey), S.38 #146568467 (©Galyna Andrushko), S.43 #161042564 (©scyther5), S.51 #285955553 (©Anton Watman), S.55 #108019727 (©Gts), S.56 #188393936 (©Sunny studio), S.68 #153347639 (©Alexlukin), S.71 #103520741 (©Willyam Bradberry), S.72 #138843497 (©nature photos), S.78 #124406617 (©De Visu), S.81 #298552547 (©Krivosheev Vitaly), S.82 #204779560 (©Rawpixel.com), S.87 #278794832 (©Blazej Lyjak), S.91 #271338995 (©PattyMa), S.92 #303507350 (©Shane Myers Photography), S.123 #228884077 (©MorganStudio), S.124 #162951995 (©norinori303)

Ebenfalls von der Autorin erschienen im Schirmer Verlag

Harmonie in 3 Minuten
36 Heilübungen für eine kraftvolle Lebensgestaltung
240 Seiten
ISBN 978-3-8434-1230-8

Glück, Erfolg und Gesundheit – der Weg dahin ist lang und steinig, glauben wir. Das geht auch anders! Susanne Weikl schöpft aus einem reichen Erfahrungsschatz und zeigt anhand zahlreicher Beispiele aus der eigenen Praxis, dass Harmonie in gerade mal drei Minuten möglich ist.

Mit verblüffend einfachen Techniken aus dem Huna lernen Sie, den Heilungsprozess zu stärken und gleichzeitig Widerstände aufzulösen. Ein Überblick über die wichtigsten Prinzipien des Huna sowie 36 kurze Heilübungen geben Ihnen alles, was Sie dafür benötigen – einfach, klar und trotzdem wirkungsvoll.
Und: in weniger als drei Minuten!